女孩勇敢向前一步

田静 编著

中国出版集团
中译出版社

图书在版编目（CIP）数据

女孩勇敢向前一步 / 田静编著 . -- 北京：中译出版社 , 2023.10
ISBN 978-7-5001-7438-7

Ⅰ . ①女… Ⅱ . ①田… Ⅲ . ①女性－人生哲学－通俗读物 Ⅳ . ① B821-49

中国国家版本馆 CIP 数据核字 (2023) 第 148045 号

女孩勇敢向前一步

编　　著：田　静
策划编辑：刘　钰　王珩瑾
责任编辑：刘　钰
特约策划：辣　辣
营销编辑：王珩瑾　赵　铎　魏菲彤
内文插图：一　角

出版发行：中译出版社
地　　址：北京市西城区新街口外大街 28 号普天德胜大厦主楼 4 层
电　　话：（010）68002494（编辑部）
邮　　编：100088
电子邮箱：book@ctph.com.cn
网　　址：http://www.ctph.com.cn

印　　刷：北京盛通印刷股份有限公司
经　　销：新华书店
规　　格：1230 mm×880 mm　1/32
印　　张：5.75
字　　数：120 千字
版　　次：2023 年 10 月第 1 版
印　　次：2023 年 10 月第 1 次印刷

ISBN 978-7-5001-7438-7　　　定价：69.00 元

版权所有　　侵权必究
中　译　出　版　社

前言

大家好，我是"女孩别怕"的主理人田静。

赚钱，已经成为当代大多数女性的人生宣言。钱，对任何人来说，都是生存的基础和重要的存在。在大多数女性眼里，金钱不仅能够带来安逸富足的生活、令人敬仰的社会地位，或是令人眼花缭乱的奢侈品，而且能够带领她们走上通往独立与自由的道路。

凭借自己的能力努力赚钱，既能换取更优越的生活条件，比如拥有一间属于自己的房间，不必因拮据而焦虑，又能拥有探寻更多人生可能性的底气与勇气。

在"女孩别怕"的各个社交媒体平台，我常常在后台接到和钱有关的求助私信。

长年操持家务的家庭主妇，在遭遇丈夫出轨后，因为没有独立的收入来源，不得不咽下内心的痛苦，在漫长无望的婚姻里默默忍耐。

想要在大城市立足的年轻女孩，父母不想抑或给不了太多支持，时常感到没有归属感和深深的无力，逐渐失去向上生活的动力。

还在象牙塔里读书的学生，对未来充满好奇，不甘于一份平常的工作，却又不知道什么职业适合自己，什么工作能挣钱。

迫切希望改变现状的宝妈，因为过度焦虑而失去警惕性，不幸落入诈骗陷阱，损失惨重。

还有女孩明明有份体面的工作，也在认真上班，一年到头却存不下来钱，才发现自己原来是被各种"智商税"、骗局掏空了钱包……

这一切都让我想到，从小到大常听到妈妈挂在嘴边的一句话："钱是人的胆。"

经济独立，能给予人尊严、自信与从容。

于是，我决定开设一档名为"正经搞钱"的栏目，通过采访有独特致富妙招，同时乐在其中、找到自我价值的女孩，分享自己的经历与心得，帮助更多女性打开思路，规避风险与陷阱，找到属于自己的赚钱之道。我有一个小目标，那就是"搞钱与避雷"两手抓，让所有女孩都富起来。

随着栏目不断更新，我从一个个"搞钱样本"中，又有了新的发现：对女孩来说，赚钱方式和赚到钱其实同样重要。

因为在赚钱的过程中，你既能对自己的能力有全新的认知，也能获得价值感的积极反馈。一份有意义的工作或副业，不仅能充实钱包，也能充实心灵。

看到这些或小众或独特的职业，了解行业的前景，走进这些女孩覆满聪慧与努力的赚钱世界，或许能帮助你填补在职业与市场方面的认知空白，减少对未来发展的恐惧，学会如何发挥自己的特长，开辟一番属于自己的赚钱天地。

田静

2023.8

目录

上篇　创业致富指南

1　你的灵感价值几何　　　002
2　短信里送晚安的人　　　012
3　我来给你起英文名　　　023
4　"丑东西"也惹人爱　　　034
5　90后中老年女装模特　　　044
6　在鹤岗开独立咖啡馆　　　054
7　城市角落的浪漫庄园　　　065

中篇　财产安全指南

1　信用卡被盗刷怎么办　　　076
2　别掉进租房中介的坑里　　　088
3　用火眼金睛击破网购诈骗　　　095

  4 当心被盲目"上进"拖入贫困 105
  5 存一分钱就是挣一分钱 113

下篇 健康安全指南

  1 提防代约疫苗的骗术 126
  2 包治百病的"妇科神器"？ 133
  3 过度绝食就能轻松减重吗 142
  4 "美白针"真的安全吗 148
  5 贴身内衣究竟该如何选 154

参考资料 161
后记 赚钱，是为了拥有选择的自由 163
附录 后来，她们的故事 167

上篇 创业致富指南

1. 你的灵感价值几何

>受访者：小腰
>年龄：24
>副业：出售灵感
>所在城市：广东某三线城市

"主业求生存，副业谋发展"。搞副业，已经成了当代女性间的热门话题。在豆瓣"副业失败的一天"小组中，聚集了29万姐妹分享自己从事副业的经历。小组里，最火爆的副业就是"写小说"

这项工作不仅要靠持之以恒的勤奋输出，还需要源源不断的灵感。而灵感，又是一个可遇不可求、看不见摸不着的缥缈之物。但有人偏偏脑子里总有源源不断的点子，这正是许多人苦苦追求的宝藏。需求制造市场，灵感因此成为一门大交易量的买卖。

灵感到底值多少钱，又是怎么卖出好价格的？在采访了几位以此为副业的"灵感大师"后，就让我带大家揭秘这个围绕大脑皮层产生的"灵感生意"。

谁在出售灵感？

作为一个新媒体码字人，我对灵感的依赖程度之深有如生命离不开空气。白天想，夜里哭，我每天都在灵感闪烁和枯萎之间左右横跳。

可就当编辑日复一日地抓头抱怨说"后天就要交稿了，没有灵感的我连200个字都写不出来"时，却有那么一群人，他们的大脑极度活跃，仿佛长了一个250度旋转的灯球，时不时点亮一次，就能想出一个"惊天地泣鬼神"的好点子。

但写作毕竟是一个从0到1的过程，光有灵感还不够。写不完，写得慢，或者是"思想上的巨人，行动上的矮子"，都很难把灵感转化为金钱。

于是，这群满脑子灵感的人，找到了一个更创新的变现手段——直接贩卖灵感。

说到这儿，你可能又会产生疑惑了。

要想买白菜可以去菜市场，买黄金白银就去正规金店。可"灵感"这东西看不见、摸不着，它只存在于大脑，不能用秤量，不能用袋装，那么到底应该在哪里买卖呢？

来，打开手机，翻出国内最大的二手交易平台，搜索"卖灵感"，里面不仅有剧本灵感、小说灵感、设计灵感，甚至还有人特别会"做梦"，直接"售梦"。

看得我直呼"好家伙"——原来甲之异想天开和爆炸脑洞，正是乙苦苦追求的灵感素材。

供需相对，各取所需，果然处处皆生意。

我又在平台上精准搜索了"小说灵感"。销量最高的那家店铺的介绍，一下子就把我吸引住了。

尤其"任何跟文字相关的，在我这都没有问题"这句话，让我怦然心动。难道通过25元钱的灵感买卖，我就能修炼出写作神功了？

跟店主小腰聊完之后，我眉头一皱，发现事情没有那么简单。

你的灵感价值几何

小腰在大学学的是工商管理专业，她是品牌、战略咨询方面的从业者，也算是"老"文字工作者了。

小腰同志不简单，气定神闲，坐着就是一通灵感输出。下班后跟别人唠嗑3小时，她一个月就能赚5 000元左右。

对一个生活在广东三线城市的女孩来说，这个收入已经超过了当地的平均收入水平，是她正式工作收入的一半了。

小腰说，她自从开始工作就在偷偷琢磨干副业的事儿。一开始，小腰在平台上接品牌咨询类的工作，后来发现搞个副业还跟本职工作一样，简直太苦了。后来，小腰也尝试写网文，结果因为投稿平台不仅需要签约，还要反复修改故事大纲，让她很崩溃，于是这事也不了了之。

一个灵感爆棚的人，通常不喜欢太过制度化的东西，小腰也是这样。

看着写网文的姐妹们，每天因为不知道写什么而发愁，这一下子就触动了小腰的脑神经。最初，她只是在豆瓣里发发帖、找点活儿，定价也比较低——一个故事灵感两元钱。

你说你是被困住的"臭皮匠",她就当照亮你困境的"诸葛亮"。简单说就是,买方和卖方沟通:"你说你的困惑,我给你个好点子。"

与其说这是售出灵感,倒不如说这更像一个针对憋稿人的心灵按摩。有可能你最后没有用上她的灵感,但是你跟她聊会儿天,就找到了情绪的宣泄口。

小腰说,她曾遇见一个购买故事情节的女孩,并且和她通了20分钟的电话。

女孩求助的问题是她想写一篇梦女向的同人文——自己和《西游记》中取经时期的小白龙,在天宫发生的虐恋。

还没等她回复,女孩却好像一下触发了灵感开关,滔滔不绝地讲起故事大纲。她不仅自己把小白龙设定为"毒舌男高中学长",还说出"两人没捅破窗户纸,但心照不宣在烟雾缭绕的天宫颠鸾倒凤"这样不可描述的内容。

女孩滔滔不绝地说了20分钟,然后心满意足地挂掉了电话。

对小腰来说,做这个副业最大的收获在于:一是赚了钱,二是认识了更多的人。

认识更多人,意味着又能招揽更多狠活儿,赚更多钱,这是一个正向循环,也是小腰搞副业至今最大的爽点。

来向她咨询的大都是刚入行写网文的年轻姐妹,以女大学生居多。求助者跟她讲一下自己写作的瓶颈,她便给求助的人提供一个突破点。

大家还组成了一个圈子,不断有朋友推荐新人加入。现在这个群更像是一个姐妹互助小组，大家时不时地在群里交流灵感和创意。

顾客越来越多，也激发了她在平台开店的冲动。她的灵感是方方面面的，小到一个故事里主角的名字，大到外星人与地球人的虐爱故事，都是她的业务范围。

我问小腰："你不怕灵感用完吗？"

小腰说："当然不怕，我看着你的微信头像，都已经在心里想好了几个新角色的名字。比如你这个绿色和红色的背景，就叫'青红'多好。"

当然，小腰说她平时取名是不会这么随意的。她还是要看剧情走向，比如最近她帮助起名的古代小说人物，设定是民国军阀和穿越时空的芭蕾舞男老师。

她建议的名字是——军阀陆琛和芭蕾舞老师萧铭。

不过，小腰也有烦恼——现在灵感越来越不值钱了。本来就没有门槛的工作，现在又有很多大学生来抢这块"蛋糕"，他们有大把的时间，跟你唠上一个小时，才收 10 块钱。

"幸亏我有老客户，每个月老客就能撑起我 75% 的副业收入了。"小腰如是说。

灵感变现

灵感这个东西，有人售卖就已经挺不可思议了，竟然还有人靠帮助别人找到好创意赚钱。

有这样一群人，他们有很多很好的灵感，想写出来一个属于自己的故事，却不知道怎么表达，或者表达不出自己想要的效果。

于是，围绕灵感的另一门生意诞生了，我称之为"灵感变现"。

它不同于我们平常所说的"代写"，更像一种私人故事定制："你给我一个梦，我还你一个梦想。"

这类服务，比单纯销售灵感的要求更高一些，最起码也要有好的文笔。

自然，这类服务收费也会更高一些，一般价格在千字 15~20 元之间浮动。如果作者可以证明自己是资深的网文写手，那么文章价格可以达到千字 50 元。

我们采访的小佛就是一个资深的网文写手，她通过码字生意实现了月入 7 000 元。这可比在网络平台投稿的收入高多了。

从大学开始，小佛就擅长靠写字赚钱。那时候，娱乐行业正风生水起，小佛抓住了时代商机，靠着为饭圈女孩写微博应援短文案赚钱。

你对哥哥真金白银的爱，就是小佛搞钱的源泉。同时，小佛还不放过任何一个可以赚钱的小商机，她在网络平台写文章的时候，还会在豆瓣提前拍卖文章中角色的起名权。只需两块钱，就能把自己的名字植入小佛的故事里，实现当爽文逆袭大女主的梦想，谁听了不心动！

起一个名字 1~2 元，这不仅解决了人物起名难题，还增加了文章的额外收益。多创造一个角色，就能多赚一小笔，这种可持续的商业思路连埃隆·马斯克听了都要鼓掌称赞！

现在，小佛的整个服务流程也十分正规，她有自己的一套商业逻辑。

首先，她会在故事详情中说明自己擅长的文风，比如古风、悬疑、情感等；而购买故事的人则需要写清楚人设、剧情、想要的结局等内容。

其次，为了双方合作愉快，列出文章大纲之前客户要缴纳一部分定金，文章完成之后支付尾款。

再次，既然是文章，就要提前约定好版权归属。一般来说，版权归属于买家。

一般的小活，小佛1天就能搞定，轻松码5 000字，坐等收钱。但是碰上大项目，小佛能持续做小一个月，甚至还要不断修改。

我问小佛："烦吗？"小佛说："我们这行算服务行业，改到客户满意为止，也算实现他们的一个梦想，没啥烦不烦的。"

我看小佛的职业操守这么强，于是问她："能不能给姐妹们一些副业小建议？"

她表示："接活儿一定要宁缺毋滥。写故事这事本来就是始于兴趣，终于效率，不要几个活儿连轴转，消磨写作的热情。"

发挥自己的优势，发现自己的创业赛道

现在，拥有稳定金钱观的年轻人不在少数。但仍有一些人，苦于不知道该做什么来赚钱。

其实，只要你静下来，发现、认清自己的优势，找到属于自己的位置，就一定能发现可以赚到钱的赛道。

在生活中灵感迸发、喜欢和人聊天的阿腰，利用自己一触即发的好点子，牢牢抓住了写稿的优势，通过输出灵感搞到了钱。

善于处理信息、有较强文字能力的小佛，则把别人的小点子不断放大、丰富、立体，使之形成一篇篇文章。

原来我搞不到钱并不是能力不行，而是想法过于保守。

我在跟这两位"灵感大师"沟通后，为想要入行的新人总结了几点方法论：

第一，虽然灵感输出不能保证稳定，但生意必须稳定。

其实这和网店的逻辑一样，需要你有固定的在线时间，这样才能稳定客源，形成朋友圈、客户池，让大家有需求的时候第一时间就能想到你，带来复购。

第二，宣传要做，但要拿捏好度。

不做宣传，无人知晓；宣传过度，人人模仿。

第三，要想做大，还是要有专业性。

小佛说，现在每天花三四个小时帮人写稿子完全够用。但是，如果你野心更大，想把这项业务做成一个品牌，那投入的就不仅是时间成本了。

这也是她的下一个目标，和认识的其他资深写手组成一个写稿服务小组。

她不仅想实现灵感变现，还想承接一些文案大纲、写作建议以及写作指导的服务，争取把小兼职做成一个大生意。

你还别不相信，一张桌子就能触动地产大佬，一个热水壶就能触动商界精英……一个个成功的商业帝国，总是起源于一个小小的灵感。

何况灵感不仅投入少、成本低、易起步，而且因为没人可复制你的大脑，可替代性也不强。

干微商，万一货源没了，产品突然变传销了，咋办？

干实体，营业额上不去，每天还要交房租、请小工，压力太大，咋整？

去二舅妈在学校门口开的奶茶店打工，虽然走了个"内部关系"，但由于缺乏技术含量，十七八岁的年轻表妹明天就能给你挤下去。

…………

姐妹们，还是应该靠动脑解救双手，用这个极具创意的兼职方式搞钱吧！

创业小贴士

找准顾客

灵感看似虚无缥缈，但只要留心，它也可以成为可交易的商品，关键是要保证对市场的敏感度，找到需要服务的那批人。进入相应的社群，或许就是敲开市场大门的开始。

始于兴趣

不管小腰还是小佛，开始做这门副业其实并非始于搞钱，而是基于兴趣。发现自己的长处，培养自己的爱好，总能有意外收获。能靠喜欢做的事致富，金钱和快乐都能搞到，何乐不为？

从"小"开始

副业总是从小生意开始，不要小瞧看似"不赚钱"的小买卖，找到方法，积累口碑，总能扩大规模，升级服务方式，挣到更多钱。

2. 短信里送晚安的人

受访者：玖妹
年龄：36
副业：卖晚安
所在城市：深圳

在大都市，最不缺的就是奋斗的年轻人。夜幕降临，卸下满身疲惫，许多人渴望的只是一句"晚安"。简简单单两个字，既是对倦怠心灵的抚慰，也是对孤独灵魂的关怀。正是因为人人渴望一句"晚安"，玖妹成了城市里送"晚安"的人。

10年间，她通过手机短信，向顾客说了不止60 000次"晚安"。最远的一次，短信发到了沙特阿拉伯。最长的一次，晚安服务持续了整整6年，下单的是个失恋的男人。玖妹的"晚安服务"，像在城市里开辟出一个虚拟的树洞，为陌生人排忧解难。

对玖妹来说，送晚安不仅是一个副业，更是一件能带来价值感、有意义的事。

出售"晚安"的人

俄乌冲突爆发后不久，玖妹收到一个订单："我想给自己买一条晚安短信,祈求世界和平。"

在短信界面,玖妹编辑、发送了这条信息,并在句末道了声"晚安"。

这样的晚安短信,她在 10 年间一共发送了 60 000 多条。这给了她一扇窥看人间真实的窗口。

有的人买"晚安"送别人,如结婚多年与丈夫相对无言的妻子送给难以忘怀的前任……

有的人买"晚安"送给自己,如身患抑郁症的女孩、在南极工作的人……

有一次,玖妹把"晚安"发到了沙特阿拉伯。

异国订单也就意味着有时差,玖妹需要不分昼夜地发送晚安短信。

当在异乡工作的中国年轻人连续收到 30 天"晚安"之后,回复短信向她道谢:"不管以什么形式,原来世界上还是有人惦记着我。"

一条一块钱的晚安短信,让玖妹与孤独的陌生人建立了温暖的联结。

玖妹的线上店铺名叫"在荒岛卖晚安的人",店铺视觉设计清新、朴素,首页最显眼的位置只写着一句话:你好,陌生人。

店铺只有 3 件商品,分别售价 1 元、7 元、30 元,分别对应 1 天、1 周、1 个月的晚安短信服务。一条一块钱的定价,注定了这不是一门很赚钱的生意。

玖妹是第一个在淘宝上出售"晚安"的人。刚开店的时候,玖妹投入了大量的精力和时间。因为她并不是"量化生产"、机械地发送晚安二字，而是根据买家的需求和时间要求定制内容。

除了顾客指定的内容，玖妹也会同时分享自己的小感悟，比如她喜欢的诗句等，但都以"晚安"结束。

不仅如此，她还投入了很多情感，每天有一半的时间都沉浸在顾客的故事里。

慢慢地，她开始调整策略，以平衡生活和副业。首先，她限制自己对晚安短信的时间投入。在产品详情页中，她写明每晚11:00~12:00为发送晚安的固定时间；同时，她会另外抽出一段固定的时间来集中处理顾客的下单留言，避免过分沉浸在交谈和故事里。有了标准的流程后，现在，玖妹每天在晚安短信上花费的时间为1小时左右。

其次，为这份治愈孤独的"晚安"生意，玖妹也制定了"有所为，有所不为"的原则。

她从不过问客户的动机和故事，但总有人忍不住把她当"树洞"。

一位女顾客给一位男同事买了很长时间的晚安。某天，她告诉玖妹，其实自己早已出轨，做了第三者，对象就是那位男同事。两人均是中年，都有家庭。说完之后，她感到一身轻松。毕竟玖妹不认识她，也不会暴露她的信息。

久而久之，玖妹发现，出轨在婚姻中并不罕见。只不过他们隐藏在内心最深处的秘密往往无法对身边的人坦露，对手机另一端毫无交集的陌生人却没有顾虑。

后来，玖妹在店铺里加了唯一一条告示："转赠他人的晚安，如跟爱情相关，则不包括已婚人士。"

"不要温和地走进那个良夜"

玖妹最初萌生"卖晚安"的想法是在2012年。当时她在深圳，在一家线上女装店做电商运营。

深圳是座快节奏的城市，睁眼便是工作。每天下班已是深夜，玖妹走在回家的路上，看到高楼里的闪闪灯光，那种无力的、空虚的感觉不断向她袭来。

玖妹是一个很容易感到孤独的人。她出生于一个典型的潮汕家庭，在家里排行第九，所以大家都叫她"玖妹"。

玖妹小的时候，父母经常因为琐事争吵，她就把自己锁在房间里，躲起来，强迫自己不要哭出声。

那种一个人用一扇门对抗父母的无助和孤独感，一直清晰地停留在她的记忆里。

一天深夜，当她又一次拖着疲惫的身体窝在床上，那种熟悉的、强烈的孤独感再次涌来，让她辗转难眠。

"不要温和地走进那个良夜"，她脑中响起了狄兰·托马斯那首诗歌。当时她觉得，她特别需要和一个人聊聊天，哪怕只是道声晚安。

她掏出手机，却发现找不到一个可以聊天的人。

过去的朋友，在毕业后很久没有联系；和家人又只想报喜不报忧。她在微博上发现，许多在城市中漂泊的年轻人同样孤独。

"把通讯录从头翻到尾，却最终也没有拨出一个电话，发出一条短信。"在微博上看到的这句话，让她萌生了和陌生人建立联结的念头。

当年 2 月，一直从事电商运营的玖妹，上架了"卖晚安"服务。

"那时候淘宝是一个很神奇的地方，已经有很多草根的、古灵精怪的东西出现了。"

让玖妹没想到的是，店铺开张第一天，就有人下了第一单。没有备注，也没有私信商家，那个人只要一个"晚安"。这笔无声的订单让玖妹相信，孤单的人总是渴望被治愈的。

2013 年，玖妹和男朋友在广州结婚。次年，他们搬到广州长洲岛，开了一家咖啡店。

咖啡店开张一段时间后，她因为装修、账目等琐事，经常忘记和客人约定好的发送时间，无法兼顾卖晚安。

2014 年 6 月，玖妹便把"晚安"产品暂时下架了。半年后，忙完店里的事，她才把店铺重新上线。零点刚过，玖妹在后台就收到了 19 个订单，这让她非常惊讶，"原来有这么多人还惦记着我！"

2017 年 9 月，玖妹参加了一个分享会，提到自己卖"晚安"的事，并因此受到了媒体记者的约访。文章发出那一夜，她的店里多了 3 000 个订单。

有些人觉得，发送"晚安"两个字，就能赚一元钱，也想用这种方式赚钱，但都没能做得太久。

玖妹说她能坚持这么久的原因，只有两个字——真实。

有些店铺在开始之初，会给自己立一个"店设"，比如发送励志、鼓励短信。但玖妹不这样，她的晚安短信都是发自内心的真实表达——有的时候是一首诗，有的时候是当天发生的趣事，有的时候太累了就只有"晚安"两个字。

她说:"在岛上开咖啡店的时候,每天都有很多有趣的事情发生,所以那一段时间,我的客人收到的短信也都是很丰富的。"而每一次与客人建立发自内心的联结,也慢慢改变了玖妹,他们是互相治愈的。

从小不允许自己低头认输的玖妹,偶尔也会在晚安短信里吐槽一下自己在生活里的脆弱。"当我第一次跟顾客说出生活中不完美的事情时,我觉得我被治愈了。原来,说出脆弱不是软弱,反而让我更真实也更勇敢了。"

平淡生活的浪漫

"购买晚安短信的客户大多是城市里的白领阶层。"有很多年轻人,来到玖妹的店铺,就是想带给朋友一些平淡生活中的小浪漫。

武汉疫情的时候,很多人给被困在武汉的朋友购买晚安短信,提醒那些遇到人生变故的朋友,其实一直有人在关心他们。

考研分数线公布后,也有很多人在玖妹的店铺下单,默默抚慰在这次竞争中落败的朋友。

玖妹说,她曾给一个与重病抗争的男生发送过"晚安"短信。

男孩为了不让亲人担心,隐瞒病情独自住院透析,这隐忍又坚强的性格让他的朋友心疼。

为他买晚安短信的是他的一位女性朋友,她下单之后说:"我们搭档工作了很多很多年,无话不谈。有一次我心情不好,他陪我聊了通宵,一直安慰我。那时候他隐瞒了病情,连家里人也没说,一个人去住院，没人照顾。上个月我才知道他病得很重了。他以前一直爱笑，可前阵子突然不爱说话，总是一个人待着，一个人去医院透析。"

这个男孩一直没有回复玖妹的短信，直到一天他突然回了一条："我还在。"

还有一些人，借着玖妹的晚安短信，说出那些自己无法开口说出的话。

一对恋人分手后，互相拉黑了对方。可男方却放不下女方，总想关心对方，却又不忍心打扰。

"这个男生买了30天的告别短信，回忆了感情中的点滴并说出了分开之后想说的话，"玖妹说。这种短信其实对收信人来说意义不大，更大的意义还是对自己，相当于一种告别的仪式。

还有一类客户是为自己购买短信的，他们的购买时长更久。

那时玖妹刚开店，有位需要长期通宵加班的深圳白领，下单时要求每天凌晨2点左右给他发晚安。

第一次，他回复："还在加班。"

第二次，他向玖妹描述了深圳的夜色。

有时候玖妹提前在凌晨12点发过去，他会在半夜2点多回复："可以睡觉了。"

早上7点玖妹醒来，忍不住回复他，希望他多休息。没想到他很快就回答："已经准备去上班了。"

对于那些买"晚安"短信的人，玖妹不愿意把他们简单地称为"顾客"或"买家"，因为买卖"晚安"的初衷并不是商业交易，玖妹更愿意把他们看作"高于买家的朋友"。

他们彼此相互陪伴，甚至相互理解和信任，同时又互不干扰对方的生活。

有一位男性客户购买的时间最长——他每次买60条，服务时长两个月，连续买了6年。

前两年，男客户通过回短信的方式慢慢讲述了他的一段感情，比如那天是分手多少天，哪天是交往纪念日……向素未谋面的陌生人袒露心扉，最终帮助他自己走出人生的阴霾。

后来，男客户只是下单，不再回复了。

去年的某一天，玖妹看着天空的月亮又亮又圆，便拍下来随着晚安短信发给了这位男客户。

结果，她又意外地收到了男客户的回复，也是一张月亮的照片，月亮在漆黑的天上泛着光晕。

他在短信中写道："感谢你陪伴我这么久，也送你一个小小的UFO吧。"

"你会发现每一个人都有孤独和脆弱的一面。向纯粹的陌生人倾诉，其实多了一分免于被责罚的底气。"玖妹说。

"这件事，我会一直做下去"

不是所有人都喜欢晚安短信，尴尬总是难免的。

"不管你是谁，不要再发这种信息给我了。"

面对这样的指责，很多时候，玖妹一般都会和对方开一个善意的玩笑。她通常解释为"这是媒体做的'晚安世界'的活动，您是被选中的幸运儿"。

大部分人听到解释后，都会为刚才的傲慢态度道歉，毕竟，谁能拒绝生活中的善意呢？

玖妹的店铺因为销售虚拟商品经常被平台闭店，她的手机号码也经常被标注为骚扰电话，因此，她不得不准备5个手机号来周转使用，但她从未想过放弃这个看起来并不赚钱的生意。

对她而言，10年里卖出去的60 000条晚安短信有着超越商业价值的意义。那些深夜发出的文字与孤独、倾听、慰藉有关，买家或悲或喜的故事同样让她理解了生活。

现在，玖妹计划把晚安短信的创意升级，正在深圳筹备一家属于自己的关注城市美好生活方式的文创集合店。比如增加像"本子""抱枕""精油"等一些符合晚安气氛的文创产品，由此来打造一个完整的"晚安"品牌。

最近，因为客观原因，玖妹文创店开业的脚步不得不暂时放慢。但晚安文创店，总有一天会在深圳和大家见面。希望玖妹的晚安品牌能够以更多形式，抚慰那些奔波中孤独的人。

在我看来，玖妹的"晚安短信"能够坚持10年，其实也恰恰印证了一个现象：孤独，或许早已成了这个时代年轻人的共情核心。消解孤独没有良药，只有陪伴。

于是，围绕整整一代人的巨大情感缺口，一个具有空前商业价值的市场蓝海——陪伴经济诞生了。所谓的陪伴经济，是指人们为了缓解孤独和焦虑进行消费而产生的，通过出租他人的时间、经验和知识，去换取收益的一种模式。

卖家上架一个这样的产品，其实是在暗示"我愿意关心别人"；而一个买家下单一个这样的产品，则是在暗示"我想要被关怀"。

除了晚安短信，其他所谓的"叫醒服务"等，都属于这一类型的业务。

你要是在购物平台搜索框里输入一个"陪"字，就能够看见下拉菜单有陪诊（陪人看病）、陪驾（陪新手司机开车）、陪打游戏、陪看房、陪唠嗑、陪逛家乡等多种服务。

除了这些，还有人可以陪你分析问题做决策，盯着你写作业。还有人干脆提供"万事屋"和跑腿服务，只要你的服务需求是合法合规的，都可以商量着来。

从某种程度上说，"陪伴业务"是当代年轻人孤独感催生的全新需求，它不仅具有商业价值，更具有社会价值。

重复的节奏、重复的生活，让我们只顾着埋头赶路，麻木不堪，却忽视了自己内心最深层次的需要——基于孤独感的陪伴需求。

满足这种需求，不需要很隆重的仪式。或许就像玖妹的那句晚安，仿佛一束微光，悄悄点亮你的世界。

毕竟，在钢筋水泥的城市生活久了，大家互相抱一抱，生活就能暖一暖。

创业小贴士

把握时代脉搏

对于生活在城市中的年轻人来说,这里基本是一个陌生社会。城市化改变了人际关系的模式,人们内心总会产生或多或少的疏离感。城市越大,疏离感也越强烈,因此催生了"陪伴经济"。除了卖晚安,还有陪同看病、陪人拍照,甚至陪人吃饭……对于陪伴的需求,几乎无处不在。

发掘自身特长

和其他陪伴经济催生的副业类似,卖晚安本质卖的是社交时间。如果你恰好是一个能量足够大,又愿意向陌生人打开心扉的人,这或许会成为适合你的好生意。

收获不止金钱

这不是一个能发大财的副业,却同样能从陌生人那里收获珍贵的善意、信任与情绪价值,让城市变得有人情味儿。

3. 我来给你起英文名

受访者：小涵
年龄：25
副业：起英文名
所在城市：澳门

姓名，从来不止是一个文字符号。它既是一个人对外的名片，也承载着情感与个性。在国际化的今天，对很多人来说，一个中文名早就不够用。

有人寻遍网络，只为找到不重复、足够特别的英文名；有人翻遍词典，求的是标准地道、不会出错的英文名。女孩小涵在申请澳门高校的研究生时，也一度遇到过这个起名难题。但她通过知识和见识，还真取出了一个有意思、有个性的英文名。

不仅如此，她还把起英文名做成了一门生意。毕竟，和她曾经有着相似困扰的人，不在少数。这个小小的副业，能给还是学生的她，带来每月一万多元的净收入。这不仅因为潜在需求庞大，更因为她有独特的运营思维。

你的名字，我的生意

小涵是"英文起名"商家中的代表人物，她的英文名是

"Sohaan",目前是一名艺术方向的研究生。

小涵在网络平台上开店,代客起名,把这当作副业搞。

她不仅帮个人起英文名,还帮商户起英文名,平均一天能接10~20个订单,净利润300~600元,一个月也能有一万元左右的纯收入。这可比我学生时代当家教挣钱快。

起英文名的能力,源自小涵的留学经历。

一年前,她正申请澳门的学校。提交英文申请表时,很多朋友填到姓名这一项,直接卡住。因为大家都想要一个与众不同的英文名,但绕来绕去,发现自己知道的英文名就只有那么几个。

小涵在大学和研究生时就读工学和文学两个学位,阅读了不少外文的杂书,拥有多元学科背景,还曾出版过诗集、短篇小说和学术论文。

她表示,对文学和英文的热爱,让她取起英文名来,可谓得心应手。小涵的英文名"Sohaan"就是她自己取的,当时我们编辑部刚好有三位留学生,居然都对这个名字闻所未闻,可见她的确是有点儿水平。

那她是怎么想出这么独特的名字的呢?她的方法主要分三步。

第一步:音译

在小涵的起名逻辑中,与中文名相似的发音是一个好的英文名的第一要义。以"xiao han"为例,那么她的英文名就需要包括以下字母:x、i、a、o、h、a、n。

第二步：变形

考虑到易读性这一因素，将外国人不好发音的 x 改为 s，重新组合，就得到了"Sohan"，最后考虑到名字是女生使用，便增加一个 a，增加柔美，于是得到名字"Sohaan"。

第三步：溯源

这一步就是在国外的网站上查一下，所起的名字是否有一些不好的寓意，能否正常使用。这就需要平时看书积累一些门道了。

一起准备出国的同学，看到"Sohaan"这个英文名都喜欢得不得了，觉得它不同于常见的 Lily、Mary、Amy，个性十足。

之后，越来越多同学拜托小涵起英文名。帮 20 个同学取了英文名后，小涵一拍大腿——这可以做成一门赚钱的好生意啊！

于是，她的线上店铺就这么开张了。

把握时代脉搏的生财之道

了解完小涵的搞钱之道后，大家啧啧称奇。

其实对于起名行业，大家都很熟悉，正所谓"成大事者必须先有个好名字"。每个来到这个世界上的新生儿，父母都会在孩子人生开始的那一刻，通过几笔勾画，为他描绘一个美好的蓝图。

从村口王大爷给新生儿起名，到风水大师为企业家、大厦、公司起名，这行总给人一种收入差极大且极其不稳定的印象。

还在读书的小涵，是怎么做到靠起英文名保持稳定营收，并做大做强的？

首先就是入对行——小涵稳稳地把握住了时代的脉搏，选择了这门朝阳产业。

著名企业家雷军曾说过："站在风口上，猪也能飞上天。"

针对取英文名这个服务，我在各大交易平台上做了一次全方位的调研，发现进入这个赛道的人几乎都不会做得太差。

我在入行门槛最低的某平台上搜索取英文名服务，发现出售服务的商家至少有50多家，价格更是从15~200元不等。

然后，我又在另一个平台搜索"英文取名"，结果搜出数十个商品信息，最便宜的写着"券后取名1.1元"，此商品月销有100件左右。当我兴致勃勃地点进去，才发现1.1元只是加急的额外费用，想要起一个能改到满意为止的英文名字，大都20元起步。

再换一个平台搜索"取英文名"，果然也能发现大量商家，最高的服务价格竟然达到500元。把格局打开，我又在企业信息查询平台上搜索了起名服务。结果发现，早就有人把取英文名服务做成了高端商品，用品牌的视角探索企业命名的艺术与科学。

经过缜密的调研，我发现取英文名这个行业的盈利可多可少，收放自如，任君选择。往小了说，接单即做，用脑赚钱，不困于形，生意经了然于心；往大了说，企业扬帆出海，在纳斯达克上市敲钟，只要业务基础做得好。

"取英文名"这门生意之所以能这么火，恐怕还与旺盛的市场需求有关。

不仅留学生、外企员工有需求，还有很多宝妈希望孩子在成长第一步，就拥有一个好听的英文名。某平台上"看脸起英文名"这一话题，已经引发 100 多万网友的关注。

大家拜师求道，渴望拥有一个全新的英文名，展开一段新奇的人生体验。

在经济中，需求牵引供给。看着 100 多万的旺盛需求，我作为一个昔日金融专业的女大学生，都蠢蠢欲动了。

只要能牢牢抓住这 100 多万需求中的一瓢，是不是就不用期盼家里拆迁和富二代的垂青，能够依靠自己智慧的小脑瓜走上发家致富的人生巅峰了？

互联网运营的制胜法宝

选好赛道只是小涵成功搞钱的第一步，她的致富方法更是让我们开了眼。

事实上，当初选择采访小涵，是因为她的店铺荣登某平台"英文取名"月销量榜首。

在这片蓝海中，她还真有自己独特的制胜法宝。

首先，小涵采用的是高度互联网化的运营模式。在这一步，小涵跟我们透露，她做对了三件事。

第一，市场调研。

法国思想家托克维尔说过："如果事先缺乏周密的准备，机遇也会毫无用处。"

在进场前,你要知道自己靠啥起名,还要看看对手都处于什么赛道。在小涵入场前,起名行业大体分为两个赛道:便宜且快与贵且费时。

10~20元价位的起名服务,交付周期基本在12小时左右,但给出英文名的质量不尽如人意,看着都像从国外起名软件上扒下来的。

200元左右的起名服务,光起名周期就长达5天,还会在反馈名字时给你一份长达20页的名字溯源信息。

作为用户深度体验了起名服务后,小涵也就确定了自己的交易价格和交付周期。

经过综合考量,小涵充分发挥后来者优势,把自己的服务价格定在30~100元,24小时之内交付。

第二,精准的用户画像。

这一招的精髓在于要啥给啥。为客户取什么调性的名字,要先看需求客户的"画像"。

留学生的订单,她就设计得个性小众一些。因为这群即将要出国的孩子,并不在意那些宏伟的寓意,小众不撞名、彰显独特自我,才是他们最实在的需求。

外企员工的订单,她就往易读好听上靠近。在工作场合使用的名字,小众与否变得不重要了,让领导和客户都能朗朗上口地读出来,才是第一要义。

而对于公司起名的需求,需要考虑的就多了。在好读好看的基础上，还需要兼顾企业传承性。这时候小涵就发挥出了设计专业的学历背景优势。例如，因为涉及商标的制作，商铺的名字在设计时一定要相对舒缓，不能在一个很短的字母后接一串长字母。

还要注意名字跟行业的结合，比如理发店的商铺名，可能要考虑用一些曲线或流畅的线条。

第三，店铺引流。

这一招讲究稳、准、狠。小涵就是通过借助外力，达到自己加大曝光率的目的。

这也是小涵开店唯一的一笔投入，她花255元买了标签权重设计，就是经过专业团队的设计，排列商品和店铺的关键字，让你的店更容易通过大数据的筛选，更容易出现在顾客搜索的首页上。

往根儿上刨，这唯一的一项投资，也是一项基于大数据算法的起名服务。

个性化定制服务

小涵还有个厉害之处，就是她在起名这件事上始终坚持自己的调性，为客户提供百分之百的个性化定制。

我在采访前，也在小涵的店铺下单了一次服务。经过24小时的等待，我拿到了小涵设计的6个英文名。

编辑部的"留学生一号"辣辣，看到这些名字就一脸的嫌弃："这些名字咋都有股浓浓的弗朗明戈味呢？"

"留学生二号"大雷雷表示:"翻遍我的语言库(德、日、英),都没能找到一丝似曾相识的痕迹,可能还是我太没文化了吧。"

辣辣还顺着质疑起小涵自己的英文名"Sohaan",拿出搜索证据:"咖喱味儿咋这么冲呢?原来是个印度男名啊!"

这两位90后的共识是,这样的名字,真的能在正式场合使用吗?会不会和外国人给自己起名"王光腚"一样尴尬?

但00后实习生嘉琪则有不同看法。她觉得小涵起的每一个名字都特别酷——啥味不重要,不和别人重复才是最要紧的。

采访时,我跟小涵说了这些争议,她解释说:"咱们店铺讲究的就是一个小众,小众且独特就是咱们店铺的调性。这种风格或许不适合所有人,但'小众'两个字可以说是我店铺的制胜法宝。"

某种程度上说,"小众"可能是把双刃剑。欣赏的人就喜欢得不行,看重实用性的人则会"槽多无口"。

小涵也承认,其实起名不是最累人的,与客户解释名字含义才是最费劲儿的。好在她用户画像做得好,直接筛掉了辣辣这样的"杠精"。

在客户填写的需求表里,90%的客户都会把"小众"放到需求的第一位,至于这个名字到底有什么寓意,其实没多少人关注。

即便如此,小涵也有遇到难搞客户的时候。

小涵曾经遇见一个下单起商铺名字的大哥,在沟通需求的时候特别随性,什么都好。但他收到名字以后,又突然提出要把

"月亮"这个含义加到名字里。

其实,这种需要另外添加含义的改名服务,相当于重新提供一次服务。解释不清,十分容易引发投诉,降低店铺排名。

慢慢地,她在纠纷中形成了一套属于自己的风格调性和起名规则:"我们被客户挑选,但我们也选择客户。"

确定客户需求以后,如果对方喜欢厚重和有年代感的名字,小涵也会明确表示,自己所擅长的风格是清新小众,难以满足对方的需求,她会建议客户换一个与其调性相符的店铺下单。

这样一套操作下来,店铺实打实地积累了大量好评。她能做的都做了,剩下就是诚信经营,静待有缘人。

起名区的"赛道"

最后,我问小涵:"你想不想开个起名公司,把自己的生意做大做强做上市?"

小涵连连摇头。她表示,自己忙完学业后,仍然有给大家起名的激情,主要是享受这个交流的过程。

当客户满意地用上她设计的名字时,那种与陌生人不谋而合的感觉——"我喜欢的刚好你也喜欢",正是小涵坚持下去最大的动力。

"有钱人大胆",这份让人喜欢的副业,也给了即将毕业的她一份自由选择工作的底气。这样的双向奔赴,就是一位创业者最单纯的快乐。

弄清小涵的商业逻辑后，相信不少小姐妹一定也会心存疑惑：

- 我英语不好，所以这一本万利的买卖我就不能上车了？
- 市场是否都已被占有了，我还有机会入场吗？

要知道，蜗牛不是牛，海马不是马，老婆饼里也没有老婆，想靠起名赚钱也不是只有用英语这一条路。只要将格局打开，起名市场的活力正源源不断地迸发。

最后，我为大家整理了几个起名区"赛道"，虽说收入看着不如取英文名那么丰厚，但入门的门槛更低，最重要的是市场还没有饱和，是可以弯道超车的快速道。

- 给游戏起 ID 名
- 给宠物起小名
- 给社交软件账户起昵称

姐妹们，并非只有 CBD（中央商务区）才能装下你的创业梦，要想搞钱，就从开动脑筋开始吧！

创业小贴士

传统生意发新芽

起名乍听上去是一门古老而传统的生意，但它能延续至今，恰恰是因为人人都希望拥有个好名字。在愈加国际化的今天，许多人有了起英文名的需求。毕竟，有一个地道好听的英文名，相当于拥有一张体面的对外名片。只需变换语言，起名生意就有了新意和创意。

慧眼发现新赛道

除了给个人和企业起英文名，你会发现对好名字的需求无处不在。比如在追星领域，好听的CP名、站名，令粉丝们十分在意；在实体行业，令人印象深刻的菜名、店名、产品名，也有广大的需求。凭借敏锐的观察，总能发现小众的新赛道。

你专业，我买单

90后、00后对个性的追求，也体现在独特的名字上。他们不愿意将就，愿意为专业买单。只要你肯花时间钻研，提升专业度，自然会吸引到顾客。

4. "丑东西"也惹人爱

> 受访者：胖虎
> 年龄：28
> 副业：卖手作"丑东西"
> 所在城市：苏州

这届年轻人的审美越来越刁钻了。俗话说"爱美之心人皆有之"，但美型和好看，已经远远不能满足追求个性的消费者。不靠技巧，也不用掌握手艺，拥有一双发现丑的眼睛，正成为一种迎来"财神爷"的新型搞钱方式。

女孩胖虎本职是个摄影师，做的是与美相关的事。但在一次"失败"的手工制作中，她造出一个越看越顺眼的"丑东西"。发到网上，没想到它居然人见人爱，许多人向她求购定制，订单源源不断砸来。

丑并不等同于低俗辣眼。惹人爱的丑东西，彰显的是无拘无束、自由洒脱的态度，能给人带来另类的启迪和快乐。消费者看丑东西笑了，生产商靠丑东西赚了。

手工制品当副业，越丑越赚钱

在一个以精致生活闻名的平台上，蛰伏着一批手作丑玩意儿的狂热爱好者。

老实说,手工制品肯定比不上机器产出的精致。但就是这股子糙中带点儿丑萌、土味中透着时髦的"致命"诱惑,吸引了一波又一波人。

但我没想到,丑是永无下限的。

在一众丑东西里,我被一个好评度超高的手作手机壳吸引了。一时间,我的眼睛移不开目光,可大脑还在飞速运转:"这玩意儿在《山海经》第几页啊?在《西游记》第几集啊?是从哪个实验室跑出来的?"

大嘴唇子、大眼珠子、蒜头鼻子还真越看越上头。评论区不仅没人吐槽丑,反倒纷纷求购买途径、求教程,甚至求"能不能再丑一点儿"。

看到群众如此旺盛迫切的需求,我一拍脑袋:"在这个人人内卷的社会,美丽竞争太大了,或许丑东西才是搞钱的王道啊!"

我火速加了博主胖虎的微信,跟她聊了聊丑东西的致富经。

胖虎是个苏州姑娘,主业是和"美"相关的——摄影行业。她称呼自己的招牌作品为"胖哒"。

目前,胖虎虽没有开店,但是在平台上接到的订单,就已经让她忙不开手脚了。她说:"接触这些也是机缘巧合,去年过年时我第一次拿着黏土瞎做,不知不觉做出来一坨像脸蛋的东西,然后我就把自己闲置的毛绒玩具眼睛和羊毛毡利用起来,第一个丑东西就诞生了。"

胖虎看着丑丑的小家伙,越看越喜欢,便把它发到了社交媒体上。

果不其然，它马上小红了一把，很多姐妹都来私信求购手机壳。还有很多姐妹拿着自己的、亲友的丑照找她定制手机壳。

借着这个东风，胖虎开始了自己的丑东西搞钱之路。

胖虎的手机壳价格在58~88元之间，一个月挣个六七千没有什么问题。"我应该算最懒的了，勤快点的店主，一个月一万块钱肯定不成问题。"看我问得这么详细，胖虎接着给我讲道："其实这挺简单的，我也经常给姐妹们分享做手机壳的视频。而且，丑东西也没有标准，还是很好上手的。"在胖虎眼里，这不仅是一门副业，更是她疏解压力的一个爱好。

这么看来，利用丑东西赚钱还真是一个没有什么入门门槛和技术要求的好生意。

那么，我们怎么在丑东西赛道做出新意，赚到金币呢？

丑东西蓝海，丑到你上瘾

这两年，丑东西风头无两。

最出圈的，当属登上央视的绿头鱼。在一众等待做核酸的满洲里普通群众里，它绿得扎眼、丑得离谱，还不时晃悠。

绿头鱼面具可不是等闲之辈，而是2020年首届淘宝丑东西大赛中，荣获"更胜一丑"奖的风云丑东西。

据说，它的创作灵感源于对《西游记》里的妖怪奔波儿霸的"salute"（致敬）。

在 2021 年的丑东西大赛中，最终 5 件顶级的丑东西脱颖而出。其中，微笑橘子头套以它开朗的笑容拔得头筹，成为选丑冠军。

颁奖典礼隆重，仿佛戛纳电影节颁奖现场。颁奖仪式延续了传递丑的精神，绿头鱼的淘宝卖家戴着头套为这一届的冠军微笑橘子头套卖家颁奖。微笑橘子头套卖家激动地接过奖杯，表示"我将再接再厉，为丑头套事业贡献一份力量"。

这薪火相传、丑丑传承的场面令人动容。在掌声雷动中，丑东西颁奖典礼落下帷幕，台下嘉宾仍旧意犹未尽。

那么，为什么丑能给人带来快乐和满足？

丑也是有层次的，有个性的丑，彰显的是人生态度——宁可丑得千姿百态、自由洒脱，也不要美得千篇一律、乏味无趣。

颁奖典礼闭幕时主持人的结语，点出了大家寻丑的内核意义："我们不要哗众取宠的丑，因为那些丑过于绝对，没有探讨的空间；我们不要低俗辣眼睛的丑，因为这样的丑不能给我们带来一丝快乐。我们愿意看到这样的'丑'——它们有自己的个性，可能因过于前卫而显得特别，但它们彰显了一种态度——自由洒脱、无拘无束——它们多少能带来启迪，哪怕只是一次开怀大笑。"

其实，丑和美一样，都能在人类的记忆中留下深刻印记。马克思告诉我们，要以辩证的眼光看问题，丑和美本来就是你中有我、相爱相杀、难舍难分，还能相互转化的概念。

这就像在《新周刊》评选出的"2021 年十大辣眼睛"中，徐志胜一骑绝尘，当之无愧名列第一。他靠着一张过目难忘的脸，以及为颜值"锦上添花"的才华和幽默，从此走上人生巅峰。

试问，面对这样"绝美"的容颜，你敢说你没有过从故作嫌弃到会心一笑再到爱不释手的沉沦？

有人说，徐志胜治好了自己的容貌焦虑，还摆脱了"颜控"的毛病。可以说，徐志胜的存在，证明了美与丑之间本就无缝，没有明确的界限。

同时，寻找丑真的是乐事一件，因为丑比美更加精彩有趣。美往往令人觉得乏味，因为人人都知道美是什么，而丑却有无限可能。

诗人波德莱尔也说："面对丑之时的愉悦来自一种神秘的情绪和感受，那就是对未知之物的渴望，还有对丑怪可怕之物的喜好。"

将寻丑之乐表现得最淋漓尽致的还是豆瓣上的"丑东西保护协会"小组。在这里，你可以成为"丑"的亲历者与分享者，同时也可以作为"丑"的见证者，与 24 万组员一起感受被"丑"到的快乐。

这样的网络集体寻丑行为，不是对所观之物外形的吹毛求疵，而是一种在细心观察中体会到的生活之趣。

可以说，丑东西生意真是一片蓝海。

面对广大的潜在市场，你要做的，是让自己丰富的想象力奔驰起来。这也是一件创造快乐、分享快乐、传递快乐的大好事。你一边快乐着，一边把钱挣了，何乐而不为呢？

卖丑，也有生意经

胖虎说，消费者看丑东西笑了，丑东西生产商靠丑东西赚了。

但对开个体小作坊的丑东西制造者来说，他们也有自己的生意经。

首先，便是要培养自己的"审丑观"。

被誉为"当代达·芬奇"的意大利著名美学家翁贝托·艾柯在《丑的历史》一书中为我们详细解释了丑的四种类型。

- 第一种是丑本身，比如呕吐物和尸体。
- 第二种是形式的丑，比如不合比例的五官。
- 第三种是艺术对丑的刻画，比如画家笔下的尸体。
- 第四种就是情境的丑，比如阴森的楼道，或者忽明忽暗的房间。

当你在脑中不断想象这四种类型时，你就会发现，并不是每一种丑都能彰显个性，让你开心。不能把丑简单概括为"美的反面"，能让人开心叫"宝贝"的丑东西，其实更符合第二种——形式上的丑。

看似不合比例的五官，其实是在绞尽脑汁地逗你开心。试问，谁又能抗拒一心想让你开心的小小的丑东西呢？

其次，虽然丑没有标准，但我们要有自己的底线。

胖虎是一个十分注重原创的人，她不喜欢复刻别人的作品。虽然丑东西丑起来并没有什么标准，但每一个完成的丑东西也是创意的实现。

人不能永远创意满满，但对平台上的内容创作者来说，如果不能及时发布新作品，那么曝光度就会下降。

胖虎的原创作品，让她吸引了一批稳定粉丝。她们会私信胖虎，定制手机壳，要求独一无二。也正是这些拿图定制的顾客，变成了胖虎的灵感"缪斯"，为她的创作注入了源源不断的灵感。

做原创最难的就是保护版权。胖虎在接受采访时也表示，某平台"山寨"的能力太强了，这些山寨品不仅订单量大，而且打着"原创"的旗号，甚至卖得比她的正品还贵。

胖虎说，遇到这种事，她真的很无奈。即使你私信商家，他就不下架，你也是丝毫没有办法的。

每次遇到这种事，胖虎都会做一份手作教程。她想告诉粉丝，其实亲手创作一个丑东西，获得的快乐才是最多的。

当我问她，这样会导致大家都不买你的产品吗？

胖虎摇摇头，说："其实真正有耐心去创作的人太少了。而且，我也没把这当成我的副业。"

当你在做一件事的时候，把它当作爱好要比当作副业快乐得多，至于收入，那是水到渠成的事。

最后，要明确，其实这个东西卖的是时间成本。

胖虎对我说："咱们这行卖的其实也是时间成本，你要把握好你的工作时间。"

做黏土手机壳需要的材料有底壳、超轻黏土、色粉、假眼睛、假睫毛、假鼻毛、亮油或封层、做发型的羊毛毡等。

接到订单后，需要先捏出型，同时晾晒至干透，两三天后上妆封层做头发，直到干透发货——整个流程下来起码需要一个月的时间。

所以店主最重要的事就是跟顾客沟通好，看看他们能否接受产品的交付时间。

我也可以丑到你吗？

讲到这里，关于丑东西赛道，我们得到了以下结论。

- 丑没有标准，但能招人喜欢的丑却有条件。
- 丑出个性、能让人感到开心的丑东西，才是能让你赚到钱的好东西。

打开了卖丑的思路，你就迈出了赚钱的第一步。为了让你两只脚迈入丑界搞钱大门，我还准备了两个好路子。

第一，动手能力实在太差的朋友，可以去批发丑东西。

两届丑东西大赛总共提名了70件商品，有靴子、袜子、大衣、T恤这样的衣物，也有手办、毛绒玩具这样的摆件，以及花洒、书柜等家居用品，当然还有口罩、耳环、头套等穿戴物品。它们大多来自义乌，可以通过购物软件与你我在现实相遇。

某多多卖丑东西的店铺，件件成交量都是万字级别。某宝上走一圈，丑东西低至几十元高至几万元，各个赛道，任你选择。基于丰富的丑东西品类，你可以选择自己擅长、喜欢的赛道。当你不知道如何下手时，只需等待爆款出现。

当一个爆款出来时，我们将守住"有钱一起赚"的原则：我们不生产丑东西，只做丑东西的搬运工。

第二，面向各位"社牛"选手，"丑东西直播"也是一个不错的来钱路子。

丑届顶流绿头鱼在 B 站上的播放量分分钟破百万，最后还丑上了央视。不少博主掌握了"流量密码"，"丑东西测评""把丑东西穿在身上"等主题的视频播放量也居高不下。比如分享丑猫咪的照片，也能在社交媒体上走红，吸引过万的粉丝点赞。

如果你没有猫，也不想戴上绿头套跳舞，那也没关系，只要你有一双能发现丑的眼睛，那么万事万物都是商机。

哪怕是过年时家门口的大型超市里"别具一格"的面点设计，也能让你在网络上丑到出名，独领风骚。

姐妹们，朝着丑东西冲过去吧！

现在，看完这篇文章的你，或许就已经拿到了开启财富自由大门的金钥匙！

创业小贴士

另辟蹊径,发掘多元审美

这是一个追求独特与个性的时代,多元的审美正在被年轻人展臂拥抱。相比千篇一律的美,令人愉悦的丑,也拥有大量受众。只有转变思路、另辟蹊径,去尊重、发掘多元审美,才能在"比美"的荆棘之路上弯道超车。

让人们为创意买单

发动想象力,让手工艺品丑得有创意,丑得独一无二,是制造爆款丑东西的不二法门,也是刺激消费者大量购买的生财之道。

5. 90后中老年女装模特

受访者：梁晓晴
年龄：31
职业：中老年女装模特
所在城市：北京

模特，一个对外形和容貌极其苛刻的行业。即便如此，总有年轻女孩挤破头想入行，因为这个职业不仅看上去光鲜亮丽，收入也极具吸引力。

作为一个入行12年的模特，梁晓晴在刚做模特的时候，也曾经吃过苦头，被骗钱。但在接拍老年服饰后，她却意外闯出了一片天。

当别的模特要展示青春、精致与完美时，当时才20岁出头的梁晓晴，却要盘着显年龄的发型，故意画着端庄老成的妆，还要模仿中老年女性的神情和动作，看起来老了至少20岁。站在其他靓丽的同行面前，或是被老同学认出来，都让她一度感到难受。

但是，正是这份听上去有些稀奇的职业，让梁晓晴在一众模特中，杀出一条独特的搞钱之路。顺着电商行业兴起的东风，她在23岁时就靠自己在北京买下了一套房。

如今，在这个小众又垂直的圈子里，梁晓晴已经成为业界标杆。许多人羡慕她,在不同城市"拍拍照就能赚钱",看起来过得富足又自由。但对她来说,搞钱的决心、识别新兴行业的慧眼和敢于尝试的勇气,都是成功缺一不可的要素。

入行,做老年模特

网上有许多关于梁晓晴到底多有钱的猜测。

1992年出生的梁晓晴是一名"资深"老年女装模特,从18岁入行至今已超过12年,或许此刻你打开电商平台,搜索"妈妈装",第一页上带着和蔼笑容的服装模特就是她。

有人说她工作轻松,有人说她赶上了服装电商的红利,是运气好;更有人说她做着"所有少女梦想中的工作"。

"其实我们这行并没有外界想的那么能赚,但确实是一份努力就有回报的工作。"

说这话时,刚过晚上10点,梁晓晴结束了一天的拍摄工作,用了大半瓶护发素将头发上厚重的发胶软化洗去后,她还要准备第二天的拍摄。

和其他平面模特需要保持骨瘦如柴的身材、吃青春饭的刻板印象不同,梁晓晴身材丰腴,笑起来脸颊两侧法令纹明显,工作时总是梳着高颅顶的发型、用化妆突出脸上的年龄感,再加上刻意模拟中老年女性的神态,这让她在工作时看起来比实际年龄大了几十岁。

当闪光灯亮起的时候,梁晓晴会立即进入工作状态,她会根据摄影师的节奏，迅速露出慈祥的笑容，在1分钟内行云流水摆出100多个中老年经典招牌动作以展示衣服，然后迅速换下一件。最多的时候，梁晓晴一天要拍摄400件应季新品。

这些经由梁晓晴展示的衣服，随着发达的互联网电商被推送至全国各地乃至海外中老年女性的手机上。

因此梁晓晴被称为"掏空妈妈钱包的女人""妈妈装的半壁江山"，这也带来了外界对这个神秘职业的财富猜测。

实际上，和许多"自由"的工作一样，没有固定公司、收入，全看单量，所以梁晓晴有时候也会担心。

因此早在两年前，梁晓晴也抓住"中老年女装模特"的吸睛点，顺势兼职做起了博主，在社交平台上分享自己的生活、事业、爱用的好物等。

很多视频都是在拍摄现场抽空拍的，她甚至来不及放下那头经典的"妈妈盘发"。有时候大家也会好奇地问她："不辛苦吗？"

对此梁晓晴从来都表示，赚钱是辛苦的，但更是快乐的。

"一开始，我就只想搞钱"

"赚钱"是刻在梁晓晴骨子里的基因。

1992年，梁晓晴和双胞胎妹妹出生于北京一户开明的家庭。早在上初中的时候，她就通过网络售卖服装和饰品，赚到了第一桶金，每月能有上千元的收入。

不过这份"事业"并没有继续，很快就因为学习繁忙被叫停，但赚钱的念头一直在她心里留了下来。

2010年,梁晓晴进入大学,主修当时最火的通信专业,不出意外的话未来会成为一名通信工程师,过着按部就班的生活。但从内心来说,身高170厘米、从小爱美的梁晓晴并不想成为通信工程师,她想做空姐、模特,这也是她一直以来的愿望。

那也是移动互联网元年和"选秀"活动最火热的年代,无数素人走向台前展示自己,追寻梦想。上大学获得"自由"之后的梁晓静也不例外,决定尝试一次。

她参加过海选走秀,也花800元拍了模卡广投简历,还做过一天150块钱的礼仪模特。150块钱,对于还是学生的梁晓晴来说,无疑是一笔巨款。但北京高校多、学生多,还有大量专业模特,这样的机会不是时常有的,"发一个招募,能有十几个人报名"。

梁晓晴也从未想过,能靠做模特养活自己。

直到某一天,有个合作过的公司打来电话,问梁晓晴愿不愿意接一个工作服拍摄工作。在这次拍摄中,梁晓晴一共拍了100多套工作服,拿到了300元酬金——拿到酬金时,梁晓晴心中的激动无以言表,毕竟那时候身边人兼职能拿到150块钱就算高薪了。

也是这次拍摄,让梁晓晴对服装模特产生了好奇,并萌生了入行的想法。

所以当一个从未合作过的影棚,来问梁晓晴"愿不愿意拍中老年服装"时,梁晓晴没多想就答应了,"赚钱嘛,不寒碜"。

中老年模特在中国一直是个"稀缺"的存在,加上拍服装单次动辄几十件上百件，对体力消耗大，中老年人吃不消，所以只能找一些年轻有经验的模特反串。

彼时国内电商刚起步，女装作为一个重要类目发展迅猛，对模特需求也大。但因行业过新，且卖家都以个体为主，拍出的照片并不精美，单件衣服付的报酬也并不高，甚至还会拉低模特们的商业价值，所以很少有按小时或者走秀场次收费的专业模特愿意接拍服装，整个行业模特都供不应求。

于是许多拍摄公司只能将目光放在不那么挑剔的兼职模特身上。

梁晓晴因为肩宽、脸部还有未退的婴儿肥，在照片上"看起来无攻击性、年龄可塑性强"而被选中。

尽管"赚钱不磕碜"，但真开始拍摄老年服装时，梁晓晴心里还是难受了一阵。在照片被朋友们认出来之后，她还坚决不承认。

最难受的主要是外表的变化。梁晓晴入行兼职的时候才18岁，但做老年模特，需要用很多发胶，将头发梳成显年龄的发型，然后再用化妆手法让容貌贴近中老年人的神态，"总之要看上去像个中老年人"。

第一次化完妆的时候，18岁的梁晓晴看着镜子里自己里快50岁的样子，心里很不是滋味，"哪个少女不希望自己美美的呢？"所以有时候被同学看到照片，梁晓晴也不愿承认那是自己。

那时候网购才兴起，中老年衣服并没有那么精美，大家对中老年女性还有刻板印象，在服装设计上突出艳俗而又轻品质，以至于换上衣服后人立马显得土气，这种对比在和时尚女装模特同台时会放到最大。

尤其对想做空姐、时尚模特的梁晓晴来说，这是种巨大的煎熬。某次她顶着"妈妈头"和摄影师去北京时尚潮流地拍摄的时候，正巧一个拍摄潮流女装的模特刚刚结束了在大牌标志下的走位拍摄，摄影师瞧见背景干净、出片高级，于是让穿着妈妈装的梁晓晴也学着同样的姿势拍一张。

尽管内心尴尬，但梁晓晴还是站过去完成了拍摄，"毕竟赚钱嘛，想那么多干什么。"

不过尴尬很快就被赚钱的快乐代替。有一次梁晓晴拍摄了250件衣服，按照10元一件的拍摄价格，那天梁晓晴拿到了2 500元报酬，看着钱包拉链都拉不上时，梁晓晴觉得这份工作能长期干下去。

丰厚的报酬、源源不断的订单，也让梁晓晴看到了传统语境中被忽视的中老年女性——她们也是爱美的，也是需要被看见的。

因此在大学毕业后，梁晓晴决定专职做中老年女装模特。幸运的是，家里人对她的这个决定表示支持。

随着在这一行越做越久，梁晓晴也开始钻研如何更贴近中老年女性的神态、更好地展示衣服，她常用的拍摄动作也成了许多妈妈们出去拍照的首选。拍摄的时候，也有越来越多人认出她，"你就是那个拍中年女装的女生"。甚至，梁晓晴还受邀参与过央视的综艺拍摄。

但最让梁晓晴开心的还是一些行业里发生的或明显或隐秘的变化。她刚入行时中年女装价格便宜、材质粗糙，设计也很普通，穿上就会隐匿在人群里，但现在中老年服饰流行风向变了，越来越多的妈妈和奶奶们都不愿意穿得太显老,服装的色彩和样式都有年轻化的趋势。

"这说明刻板的女性印象被打破了,"她说。而梁晓晴也不再回避"中老年女装"的标签,开始在自己的社交平台上展示这份工作背后的故事,以及直面"中老年"这个话题。

于她而言,每个人都会衰老,而衰老之后也应该拥有体面。

"吃苦和机会",致富没有捷径

目前,梁晓晴在做模特的同时也在社交媒体上做博主。

但无论哪一部分,都和"中老年"这个标签脱不开关系,对此梁晓晴也做过总结,"其实我们这个行业并没有外界看上去那么光鲜亮丽",她解释说,"这个行业一看机会,二看运气,三是要能吃苦。"

机会不用多说。她入行的那几年,整个电商行业还在摸索时期,大家对电商持怀疑的态度,行业内缺乏专业模特,尤其是中老年女性模特。专业的模特不愿意涉足这个领域,才给了她"可乘之机"。

而她正是因为把握住了这个机会,才赶上了整个电商、中老年女装的风口。她做个人博主也是如此,因为发现社交平台上几乎没有中老年女性相关的内容,对模特存在刻板印象,所以做起了中老年人关心的内容。

运气也不必多说。梁晓晴第一次拍摄,某件衣服就销出 9 万多件,成为"爆款",随后她的名声迅速在业内传开,并拿下了许多订单。

但想要维持好运,并不是一件容易的事,"需要极度能吃苦"。服装行业需要反季设计生产,即在冬天生产夏天的衣服,夏天生产冬天的衣服,相应地,服装模特也需要反季节拍摄,此外还有淡旺季之分。因此在新品扎堆上新的季节,梁晓晴都是在不断换衣服中度过的。

最累的一次,梁晓晴一天拍了400套衣服,每次换衣服的时间都要精确到秒,才能不耽误当天的行程。而为了配合摄影师的时间,在上新季夜出昼归乃至全国飞也是常事。

在许多采访中,都有人问过她"是否太辛苦"。她都会反问:"赚钱哪一行不辛苦?"

不过梁晓晴也坦言,赚钱有规律可循,"在这个行业里想赚钱,需要拒绝一些无关紧要的机会,也要发自内心尊重女性。"

在做中老年模特"火"了之后,许多人慕名而来,希望采访梁晓晴,了解背后的故事。最开始梁晓晴接受过许多采访,但发现对自己接商单没有帮助后,便不愿意接受采访,"我的每一秒都是用来赚钱的。"

至于尊重女性这点,则是因为梁晓晴发现如今中老年人的审美、消费发生了巨大改变,"许多中老年人的需求还没被满足",比如有许多人会给她留言,希望她分享一些中老年的搭配或者拍照姿势。

在这些声音背后,梁晓晴明显感觉到,"许多女性的需求被压抑",尤其许多女生身材并不是流水线成衣所能概括的,她们也渴望找到合适的、能展示自己的衣服。

也正是这个原因,梁晓晴的双胞胎妹妹也跟着她的脚步入行,做了大码模特,因为不向白幼瘦这种审美低头,如今也赢来了事业的小高峰。

"在我们这个行业能赚到钱,其实是看见了一群被忽视的人的存在。"

创业小贴士

寻找稀缺市场

梁晓晴走上中老年女装模特之路有偶然的成分,但也让我们看到了被忽视的中老年女性群体,她们同样爱美,也有丰富的情感和需求。我想,像这样的稀缺市场一定还有很多,与其和别人一起堵在拥挤的主干道,不如把目光投向那些旁生的小路,也许你就能成为这个领域的领路人。

赚钱没有捷径

如果说赚钱有什么方法论,那万变不离其宗的一条一定是,能吃苦!天上没有白掉的馅饼,不管你选择了哪个赛道入场,一定都需要辛苦的打拼和长久的坚持,就像梁晓晴说的,"赚钱哪一行不辛苦?"

6. 在鹤岗开独立咖啡馆

受访者：阿怪
年龄：30
职业：咖啡店老板
所在城市：鹤岗

咖啡，已经成为大城市白领必备的日常刚需。即便有如此庞大的市场，在北上广深开咖啡店却是人人皆知的亏本生意。假如换个思路，把咖啡店开在小城市呢？也许会有意想不到的收获。

女孩阿怪在东北小城鹤岗开了一家时髦的"独立咖啡店"。这家咖啡店的厉害之处在于——营利跑赢了全国 70% 的独立咖啡店。

一提到鹤岗，大家想到的可能是天寒地冻、萧条停滞，与代表着大都市白领生活方式的咖啡无缘。但在这里偏有一群人，一天不喝咖啡就难受。因为他们，都被阿怪撬动了隐藏在内心深处的文艺味觉。阿怪用赚来的真金白银说明了一个道理：在小城市开咖啡店，还真能是门好生意。

鹤岗，也有独立咖啡店

时代广场，是鹤岗最繁华、最时髦且最混搭的商圈。

不仅有从负一层的美食城飘出来的烤冷面酱香，红红火火的比特优超市，还有实现少女精致梦想的 DIY 手作工坊。再往楼上看，你甚至能找到火爆全网的茶百道。

红火中带着一丝地气，在时代广场溜达一圈，你一定会怀疑自己误入了东北小香港。穿过大型床品连锁店——罗莱家纺，你就能看到"隔壁咖啡店"。

它的主人叫阿怪，是个鹤岗姑娘。2019 年秋天，阿怪从哈尔滨回到老家，投资 20 万元，开了鹤岗首家独立咖啡店。隔壁咖啡店清冷孤高的气质，与时代广场的喧嚣有那么几分格格不入。

推开落地的玻璃门，首先映入眼帘的就是几张红梨木色的餐桌。吧台的墙壁上，挂着略带几分抽象的装饰画。吧台里，留着短发穿着布围裙、低头专注研磨咖啡的阿怪，完美地融进了北欧风的氛围之中。

吧台旁边的玻璃橱窗里放着刚做好的甜点——提拉米苏、红丝绒山楂，还有精致的生日蛋糕……

咖啡馆分为上下两层，大概 150 平方米的样子，空间很大，松松散散地摆放着十一二张桌子，同时容纳四五十人不成问题。

在隔壁咖啡店之前，鹤岗也有其他咖啡店，但它们更像是空有其名的西餐厅。这些店铺的主营商品，其实是食物——牛排、比萨、汉堡。

大吊灯、深棕色原木桌、穿着统一制服的服务生，处处体现着店面的精英气质和奢华格调。

在那里，仿佛不谈个几百万的项目，都拿不到进门消费的入场券。这么看来,鹤岗似乎不是个适合卖咖啡的地方。

在鹤岗,没有星巴克,也没有瑞幸小蓝杯,整个城市找不到任何一家连锁咖啡店。在这个连资本都看不上的地方,还要单打独斗地开家独立咖啡店,听上去太大胆了!

但阿怪用实际行动打破了我的偏见:她在烤冷面、烤大腰和铁锅炖大鹅之间,杀出了一条"小清新"的赚钱生路。

现在,她不仅回本了,而且2021年一年就净赚了20万元。其实,阿怪店里的咖啡单价并不比一线城市低多少,一杯手冲咖啡30元,一块提拉米苏26元,哪怕最便宜的美式咖啡也要20元出头。

而2020年,鹤岗的人均月收入仅为3 180元,换算成日均收入也就100元出头。这意味着,"点块蛋糕、喝杯咖啡,我今天的勤劳工作全都白干,是在为你的营业额做贡献"。

在人均月收入刚到3 000元的五线小城市开一家年盈利20万的独立咖啡店,阿怪到底是怎么想到这个神奇的点子,并且成功启动的?

鹤岗,也需要独立咖啡店?

财经作家吴晓波说:"互联网把世界推平了,年轻人有一点儿热情,有一点儿创意,就能快速创业——不论你在城市,还是身处乡村。"

2018年,阿怪回到鹤岗时,发现它这些年其实变化很大。

很多大城市里有的消费方式，鹤岗也有了。街边的店铺装修很好看，甚至也有了买手店，衣服可以卖到千八百，还开起了很多进口日用品店、食品店。很多店主飞到韩国、俄罗斯，从国外直接进货。这意味着鹤岗人不缺钱，而是缺花钱的地方。

生活在鹤岗的中年人尚且可以在6点聚、9点散的早市中挥洒金钱，得到一天的满足；但在鹤岗生活的年轻人，却像是被排挤在了小城生活之外。

阿怪说，其实鹤岗人挺喜欢休闲的。上学的时候，鹤岗开了好几家冷饮店，一到学生放假，经常人满为患，大家一边吃冰一边唠嗑，坐上一天也不舍得走。但现在，冷饮店早已成了鹤岗的"时代眼泪"。不知道为啥，这个城市属于年轻人的空间越来越小了。

这个空间，你可以将它想象成一个属于年轻人的小小"社区"。这里不像工作场所，会让你有很强的压力感；也不像在家里，充斥着家长里短的烦心琐事。

它让你身心放松下来，在这里，可以阅读、学习、写作、上网、听音乐、和朋友聊天，满足年轻人稍高层次的休闲需求。在哈尔滨做咖啡师的阿怪，一下子就意识到，咖啡店可以填补鹤岗年轻人的需求空缺。但是放眼全国，能盈利的独立咖啡店也没有几家。

2020年，中国独立咖啡店的经营情况分析报告指出，在中国只有38.9%的独立咖啡店能盈利。

在一线城市"活"下去都费劲的独立咖啡店，为什么在鹤岗就能赚钱呢？如果你打算在小城市做点儿买卖，阿怪的经验真值得细细说道说道。

不盲目，底盘打得稳稳当当

阿怪为咱总结了三条小城市开店生意经。

她并不是刚回到鹤岗就开始单干的。在开店前，阿怪曾在鹤岗咖啡店打了一年工。虽然店里一天也卖不出几杯咖啡，但这一年她为自己开店摸清了一点门道，那就是如何定价。

这个做法很像肯德基总是开在麦当劳旁边，就算挣不到钱，但最起码不会出错。对于家家都有的普通美式咖啡，她的定价跟其他咖啡店持平，但是自己店里专属的、需要不同咖啡豆制作的精品咖啡，则会上涨 1~2 元。

除了定价外，餐饮业最重要的基础条件就是，保持原材料的稳定。对咖啡店来说，就是采购稳定且品质高的咖啡豆。阿怪能解决这个问题，主要因为她在哈尔滨的咖啡店做咖啡师时，和当时店里进豆子的咖啡豆老板打成了一片。

不管是国内云南产的豆子，还是国外进口的豆子，只要阿怪敢点名，豆子老板就能给她配货。开店两年以来，阿怪在进货方面从未出过差错。

最后，阿怪还在开店前解决了一个最重要的问题。真正扼住阿怪咖啡店命门的问题并不是"豆子从哪儿来"，而是"客人从哪儿来"。

阿怪在开店前，曾在微信平台做过一段时间的生日蛋糕微商。不同于其他生日蛋糕店"花开富贵"的蛋糕款式，阿怪做的生日蛋糕走的是小清新路线，而且可以接受私人订制。

凭借着有品位的蛋糕审美，阿怪的生日蛋糕受到了当地"俊男靓妹"的追捧——求婚纪念日定一个、孩子百日宴定一个、女朋友生日定一个……

那时候积累的客人，也算是为咖啡店攒下来一批最精准的顾客。

不能完全照搬大城市那一套

在鹤岗，不能完全照搬大城市的那一套商业逻辑。就像阿怪最开始根据在哈尔滨咖啡店打工时的经验，认为一家独立咖啡店最重要的是拥有自己的特调咖啡。

但当她实际经营自己的咖啡馆时，却发现这很难。

主要原因在于，时至今日，鹤岗尚没有建立成熟的冷链系统，更别说两年前了。以制作拿铁首选的鲜牛奶为例，从电商平台购买鲜牛奶必然意味着成本的增加。阿怪说，在哈尔滨做咖啡师的时候，一瓶950毫升的鲜牛奶的成本是13块钱左右，但同样一瓶鲜牛奶在鹤岗就得花17.5元钱。当价格和品质出现分歧时，阿怪总会选择保质量。

她坚持保证产品的高品质。除了纯牛奶，她还备齐了鲜牛奶甚至燕麦奶，就是为了让顾客有更多的选择。

同时,她也会通过减少特调咖啡的种类来控制成本。一二线城市的咖啡店,除了咖啡的品质,还十分重视社交平台的宣传以及第三方平台的外卖服务,但阿怪却果断选择把这两部分砍掉。

即使短视频在东北非常盛行,阿怪也从未花钱做过推广。在这个依赖分享和推荐的世界,阿怪坚信每一位顾客都是潜在的推广者。为吸引顾客分享,阿怪在装修店铺之前,就想好了几处给客人拍照打卡的地方。最出圈的就是吧台前的装饰,阿怪会根据不同的节日布置不一样的场景。圣诞节的圣诞树,不仅吸引了很多年轻人来打卡,也成功地让隔壁咖啡店在社交媒体上出了圈。

在小城市开店,不可避免地需要做出妥协和改变。最开始,阿怪也接入了第三方外卖平台,但最终还是被平台的抽成费用劝退了。考虑到鹤岗市区并不算大,阿怪开通了跑腿业务。不忙的时候她就自己送餐,忙的时候就请跑腿师傅,精打细算地为自己节省了一大笔成本。

既要培养顾客,也得"教育"顾客

阿怪对鹤岗的咖啡市场进行了一场"祛魅式"的教育。

首先,重建鹤岗人对咖啡店的理解。她不像其他咖啡馆的老板一样,不仅卖咖啡,还在店里卖奶茶、意面和牛排。阿怪的店,没有为了追求营业额把产品偏离咖啡太多。除了一些气泡水和水果茶,她坚持只卖咖啡和配合咖啡食用的小甜点。

也有顾客提议阿怪中午和晚上做些轻食、简餐,但她担心这样太复杂,最后连咖啡也做不好,还扰乱了店里的环境。而且,她坚定地反对顾客外带有味道的食品进店。

虽然她经常因为这些做法得罪顾客,但她还是对咖啡馆的调性有自己的坚持。她所做的这一切也是源于她开店的初心:让享受咖啡的人,拥有一个与之匹配的消费场景。

其次,她让鹤岗的年轻人更懂咖啡了。刚开店时,很多人别说品尝咖啡,他们连咖啡的苦味都不能接受。于是,阿怪在吧台立起来一个"每日豆子科普"的小牌子,忙的时候就在顾客点单的时候和他们随意聊聊,不忙的时候就去桌子前为他们详细介绍咖啡品类。

"我一直觉得,我的咖啡店能开这么久的原因就在于我做到了这一点——顾客花 20 元钱不仅买到了咖啡,还买到了有关咖啡的知识。有机会的话,他们自己也能给朋友介绍咖啡。"

这对销售的影响并非立竿见影,但大家对咖啡的接受程度确实越来越高了。现在,店里卖得最好的一款产品就是不加糖的冰美式。这说明,大家不仅越来越能接受咖啡的味道,还懂得保养自己的身体了。开店两年以来,阿怪和很多顾客都成了好朋友。

每天上午 10 点,咖啡店开门后,穿着白衬衫、连衣裙套装的公务员群体是店里的第一批顾客。他们的风格是即买即走——一杯冰美式、一段简单的寒暄,就能让他们在沉闷的工作中提神醒脑。

每天晚上 10 点闭店,身穿宽松卫衣在店里学习了一天的"考试族",才跟着阿怪闭店的步伐,缓慢收起复习材料。对他们来说，这里不仅是一家很有格调的咖啡店，也是这个城市里能容纳他们梦想的中转站。

店里来的更多的是一些漫无目的的"闲人"，他们前一秒还穿着家里的睡衣睡裤，下一秒就披上羽绒服套上雪地靴出现在阿怪的吧台前。"搁家待着太无聊了，来找你蹭杯咖啡。"

对她们来说，喝咖啡不是目的，在咖啡店打发时间才是最要紧的。还有一些逃到鹤岗的自由职业者，她们妆容精致，穿着小香风的裙子套装，点上一块提拉米苏，配上一杯特调SOE，认真地布景、拍照——就像她们还在大城市生活一样。

大城市的生意怎么复制到小城市

拨开迷雾，小城市咖啡店的未来，到底有些什么呢？

我们可以看到更多懂咖啡的消费者。越来越多的年轻人在尝试咖啡，越来越多的人会对咖啡因产生依赖。必然地，我们也会在小城市看到咖啡店之间越来越激烈的竞争。

现在，阿怪的咖啡店已经不是鹤岗唯一一家咖啡店了，市里有不少店面正在装修并准备营业。这也恰恰意味着，小城市的咖啡市场也有很大的活力。

如果你也想在你的城市开一家小店，阿怪的成功经验或许能够给准备入场的各位三点启示：

1. 开店前，一定要找准填补当地消费者需求的消费场景。

2. 小城市做的是熟客生意,服务和产品品质是最重要的。
3. 别低估小城市消费者的购买力。

只要方法找对了,你就能像阿怪一样,即使在鹤岗也能跑赢全国 70% 的独立咖啡店。采访结束时,阿怪说偶尔遇到对咖啡有见地的客人夸赞她的咖啡,那是她最有成就感的时刻。她把自己的职业志向也定于此,她并不追求多开几家分店,而是向往着咖啡店的氛围能在鹤岗变得更加日常:"希望大家真的可以把咖啡当成生活中的一部分。"

这个梦想会在鹤岗实现吗?阿怪毫不犹豫地说:"市场肯定是会越来越好的。现在很多小城市都是这样,鹤岗也会的。"

创业小贴士

小城市也有大市场

与其在大城市"卷生卷死",不如把视线转向三四五线城市。很多小城市也许乍看起来冷清,但其实蕴藏着巨大的消费潜力。近些年,许多年轻人选择"逃离北上广"并回到家乡,他们带去的不仅是新鲜的血液,也是蓬勃的商机。

生意也要量身定制

无论在哪儿,入场都需谨慎。阿怪在开咖啡店之前还在鹤岗别的咖啡店先打了一年工,还做过一阵生日蛋糕微商,借此既摸清了市场定价也解决了"客人从哪来"的问题,这才顺利开起了自己的咖啡店。常言道,不打无准备之仗,周密的准备和市场调研也是创业的第一步。

7. 城市角落的浪漫庄园

受访者：倩倩
年龄：33
职业：农场老板
所在城市：成都

在快节奏的都市生活下，相信很多人都幻想过一种远离喧嚣的静谧田园生活。开个农场，侍弄花草，种点儿有机蔬菜，感受大自然的绿色和生机，体验陶渊明归园田居的快乐。

成都女孩倩倩曾是个"北漂"，在杂志社和网站当过文字编辑。职业生涯不顺，她决心自己做点小生意，开了个小花店，又连着8个月亏损。折腾一圈后，她回到成都，在城市周边租下十亩荒地，开始打造自己的世外桃源。

但她并非只追求浪漫轻松的生活，而是把农场当作营生活计在做。尽管双手布满伤疤，腰椎间盘也突出了，倩倩的农场却在蒸蒸日上，也让她找到了价值感。

倩倩的农场

倩倩的农场，位于成都市双流区彭镇附近的一个小村庄，开车到市中心需要一小时。

从荒地到现在的"南法农场",倩倩和她的家人用了两年时间设计、打造。倩倩没请设计师,一切点子都源于她天马行空的想象。

一堆废弃的砖头,变成了草坪上的小路,曲径通幽,直达花园深处的小木屋;木屋旁是竹子搭建的葡萄藤,荫蔽着餐桌和用来休息的吊床;远处的菜园子被围成一个个小盒子的模样,番茄、茄子、南瓜、辣椒、玉米……整齐而有趣;菜地旁边的花园里种着月季、郁金香、大丽花、风信子、发财树、散尾葵,种类繁多,让冬天的农场也不至于萧瑟。

在花园旁,30元的铁锅、19.9元的烤网和三块木头,被DIY成了一个烧烤架。白日里,铁锅里的柴火噼里啪啦地燃烧,烤网上放着朴实的食物,一缕缕炊烟升腾,背景是满眼脱俗的绿。夜晚,烧烤架变身为"气氛担当",篝火打破了黑夜的静谧,目光也随着火焰舞动,让人自在到出神。

倩倩每天6点起床后的第一件事,就是绕着农场走一圈,了解土地状态,然后根据状态浇水、施肥、收割、除草、剪花、治理病虫害。

平日里,只要心情不错,倩倩就会在草地上摆张小桌,剪一束花,在暖暖的阳光下喝下午茶。

为了让客人拥有宾至如归的感觉,倩倩有其独特的经营方式:有些体验项目她一天只接待一拨客人,并且不接待没预约的访客。

如果你也能来到倩倩的农场,你将体验"农场主"的一天——烧烤野炊，下田耕种，剪花插花，想吃什么就自己去地里采。

顺应不同季节，农场里有什么，倩倩就给客人准备什么。

春天，客人和家人在树下野餐；

夏天，组织读书聚会，与志同道合的朋友在葡萄架下乘凉；

秋天，收集喜欢的种子在大棚里播种希望；

冬天，灯和火是农场的主旋律，大家在星光闪烁的农场里烤肉，举办篝火晚会。

倩倩也在这里为几对特别的新人举办过婚礼，有在成都生活的澳洲夫妇，还有一对新婚的同性恋人。

他们的故事，让倩倩的农场变成了一个有人情有温度的小家园。

回农村，开农场

在此之前，倩倩的"打工人生涯"并不顺畅，甚至可以称得上一波三折。

22岁，大学刚毕业，倩倩和男朋友来到北京"北漂"。她学的是酒店管理，用了4年时间才明白自己不大喜欢这个专业，于是去了杂志社工作。

在那里，主编把她的文章改了20多个字后，更改了署名。倩倩对此提出异议，但最终"维权失败"。同事们的孤立和冷嘲热讽，让她满头的秀发在一个月内掉了大半，就这么秃了6年。

2015年，倩倩与男友决定结婚。他们觉得在北京养孩子成本太高了，于是又回到成都。

之后，倩倩的老公继续做着程序员的工作，倩倩则怀着自己的小梦想不停地折腾。

她先是做网站编辑，后来开了一个小花店，却连着8个月亏损。她肯吃苦肯下功夫，性格乐观真诚，慢慢地竟然把月营业额做到了8万元以上。

一切都不算失意，只是多了些波折。但也正是这分波折，为她回归农村、成为"农场主"提供了原始的资本积累。

2019年末，从事花艺行业4年的倩倩，对市场上的花卉早已审美疲劳，便和朋友合开了一家西餐厅。

为了给西餐厅找一个安全的食材供应地，她访遍了当地小有名气的农场，都没有找到合适的。于是，开农场的这颗"种子"在她心里悄悄萌芽了。

2020年初，倩倩投入58万元，租下了10亩荒地，领着一家人回到了成都双流的农村。

她和回乡的公婆规划农场建设，老公则继续做"码农"。在农场尚未盈利时，她老公用薪水默默支撑着倩倩的梦想和一家人的生活。

倩倩当然不只是为了追求田园牧歌，她也希望盈利。只是她知道，经营农场不是一个可以很快回本、赚到利润的生意。

好在从第二年开始，倩倩的农场虽然需要不断追加化肥、种子等原材料的费用，但已经能自负盈亏了。也就是说，农场的收入已经能平掉当年的投入。

倩倩农场的收入主要来源于以下两个部分。

首先是农业生产的收入。

刚开始,倩倩也想像其他家庭农场一样,为游客提供采摘服务,但她很难竞争过其他农场。

而且,客人对种植的农产品本就有不同偏好。对农场来说,这是一个管理难度大、人工损耗严重的鸡肋项目。

于是,倩倩是把农场定位为"生产型农场",对菜地进行分区规划,不同区域种植不同的农作物。

倩倩还跟成都市区的几家西餐厅和花店签了合同,为他们提供农场里新鲜的有机农产品、鲜花和香料。

其次是场地租赁。

倩倩是一个优秀的派对组织者。她热爱生活,足够浪漫,并且拥有丰富的想象力和共情能力。她在农场举办过小型婚礼、读书会、家宴、星座讨论趴等。此外,她还将野炊、露营、露天电影、商业拍摄场地租用等项目作为农场的盈利项目。

同时,得益于农场的每一个角落都由倩倩亲自精心搭配设计,不同区域种植着不同的蔬菜、花草,搭配相得益彰,这样的搭配方式非常适合应用在私家花园。因此,倩倩也会提供私家花园改造服务,以此来支持农场运转。

倩倩始终相信,她经营的农场一定能赚到钱。

实际上,自 2020 年初,就有人先后几次拿着 7 位数的投资来找倩倩合作,但她都拒绝了,她怕自己无法满足投资人的收益要求。她是想赚到钱,但从不渴望大富大贵。

2021年年末,倩倩给朋友看了农场的流水,朋友大吃一惊,说:"怎么这么少!"但即便这样,农场也赚回了成本,这给足了倩倩继续搞钱的动力。

2022年初,倩倩准备在农场再增加一个盈利项目——民宿业务。她将民宿定价为每夜699/799元。她还第一次雇用了一位助手,负责民宿的运营和宣传。

理想,还是需要回归现实

在这个快节奏的时代,倩倩的农场仿佛是来自另一个时空的驿站,反衬着繁华都市的种种问题——雾霾、令人心累的社交、内卷、996。

很多人在倩倩的社交账号下留言,说很羡慕她,也希望能过上这种回归田园的生活。

倩倩却说:"农场生活主要还是农业生产,它很多时候并不像社交账号上展示的那样光鲜亮丽。"

经营农场最开始面临的问题就是,需要从头开始建设农场,同时需要极高的启动资金。

倩倩说,她投入最初那58万后,她的农场看起来其实跟荒地并没有什么区别。

真正运转起来后,她才发现农业投入比想象中要大很多。比如仅仅是一亩地的土壤改良就需要投入10万元,而这并不是一项可以省下的投入。不同农作物适宜的土壤是不一样的，有的改良仅仅是为了使农作物存活，比如迷迭香，若把它种在酸性土壤里，它压根无法生长。

若没有稳定的资金投入，就无法进行农业生产。所以，运营农场的第一年，倩倩不得不卖掉了成都市区的房子，把卖房的钱投到农场，农场才得以继续运营和维持。

倩倩的成功，还有两个很重要的条件。

首先，她有农场主必备的技能基础。在上大学之前，倩倩经常在乡下跟着爷爷种菜、卖菜，对田地里的植物本就不陌生。后来，她从事花艺、私家花园改造等工作，都和农业有一定的关联。

其次，家人的支持。这体现在和倩倩三观一致的老公卖了房子支持她回归乡村，以及超级给力的公婆也帮她一起实现梦想。

倩倩的公公是农场的水电工兼木工，小到一个柜子、大到房子的搭建，他总能把倩倩天马行空的想法变为现实。

倩倩的婆婆则是农场的饲养员和"外交官"，她不仅把农作物和小动物们照料得很好，还能和乡亲邻里、到访的顾客打成一片。

通过一家人共同的努力，才有了大家看到的如此简单、纯粹、快乐的田园生活。

倩倩说，她的生活其实很像纪录片《克拉克森的农场》。

看上去她过着都市人艳羡的田园生活——身处青山绿水之中，每日采菊东篱下……但她也要面对干旱、洪涝、农作物滞销、牲畜死亡等务农时不可避免的"骨感"现实。

不精通农业知识，就无法收获粮食。耐不住寂寞，就无法在地广人稀的村子里生活下去。没有资金投入，就无法进行机械化生产。

就算有所收获，也要面对农产品降价甚至滞销的危机。更何况农业要看天吃饭，一场大雨就能让几个月的辛劳白白浪费。

虽然职场中的疲惫、焦虑感消失了，但在农场，有的是干不完的体力活，这又会成倍地转换成身体上的痛与累。

倩倩的手布满伤疤，去年还因用力不当导致腰椎间盘突出。但她是个"好了伤疤忘了疼"的人，很多困难解决完便忘了。因此，她很少向外诉苦，以至于大家以为她过着无忧无虑的神仙日子。

希望帮你看清生活的本质

经营家庭农场，并不是一个高性价比的搞钱模式，回本慢，而且非常辛苦，但倩倩为之坚守的理由也很简单："种植农作物的过程和节奏可以安抚我烦乱的心绪，泥土的温度和气味是身心的良药。"

这或许就像我们从小玩的游戏《摩尔庄园》。小时候，每个周末，我们都有几个小时的时间把考试、作业、父母的唠叨放在一边。

长大后，农场依然能治愈我们，因为这里没有内卷，没有 DDL，也没有 KPI，每个人都变成了能自己掌握生活节奏的"小鼹鼠"。

在充斥着消费的城市以外，农村正慢慢成为一个实验场，蕴含着人们对田园生活的无限想象。

在社交媒体上我们可以看到，在江浙沪、云南大理这些气候宜人、适合种植农作物的地域，很多人做起了乡村农场的运营。

在湖南长沙还有东北葫芦岛，也有年轻人回归乡村，租下一片土地，希望过上"精神陶渊明"的生活。

倩倩说，开农场并不难，但这并不是投了一些钱、租了一块地、雇用几个工人就能坚持下去的事。最重要的，是要找到开农场的意义。

在这两年的农场建设经营中，倩倩也经常感到迷茫，她也想过放弃。沮丧时，她也会思考日复一日的劳作除了治愈自己，让生活慢下来，还能为这个社会带来什么价值。

后来，来到倩倩农场的朋友告诉她，在这里，这位朋友真的感受到了生活本身的美好，发现只要吃饱、一家人在一起，内心就满足了，很有安全感。

倩倩想，或许不是所有人都能像她一样幸运。但他们可以来到自己的农场，当一天农场主，感受不一样的生活节奏。她期待大家能在自己的农场里享受一段远离钢筋混凝土的宁静时光。

夏日听蝉鸣，秋日看繁星。

每一位来到这里的客人，都能在真实的农场生活里，感受到泥土的质朴和芬芳，感受自己生命本来的节奏。

创业小贴士

不要害怕失败

创业很少能一帆风顺,也很少能一次成功。倩倩也是在尝试了很多次之后,才找到开农场的致富路子。想要创业致富的姐妹,如果你确定要走创业这条路,那么一定要有颗坚强的大心脏,这注定不会是一条平稳安逸的路。但同样,成功之后的喜悦也是独一无二的!

找到创业的意义

创业不只是"做生意挣钱",还有实现价值的追求。不要视金钱为创业的唯一目标,否则很容易在这条路上迷失或者放弃。只有在其中找到意义和价值,才能坚持下去。倩倩自小在乡下长大,天然地喜欢泥土和自然,又从为他人提供短暂小憩的桃花源这件事中找到了价值感,这都是金钱之外的收获,也是支撑她走下去的力量。

中篇

财产安全指南

1. 信用卡被盗刷怎么办

有一次,我和同事小绿在外面吃饭。聊得正开心的时候,她收到一条短信,忽然就不说话了。

我问她怎么了,她把手机递给我,上面的短信显示就在几分钟前,她的信用卡支出20 000元。"我刚刚买什么了?"她一脸疑惑地问我。

整个上午她都和我待在一起,除了吃饭前买了两杯奶茶外,的确没有别的消费。我赶紧让她看看信用卡是不是还在钱包里,并帮她一起联系银行客服,以避免更大的损失。

这些年,信用卡被盗刷的新闻越来越多。每年有2 000多万张信用卡被盗刷,也就是每20张信用卡里,可能就有一张被盗刷。大部分的人总觉得这种事不会发生在自己身上,可一旦发生了,就会让你瞬间崩溃。明明自己什么也没买,坐在家里信用卡也会无缘无故被盗刷,坏人的手段越来越高明,有些事我们真是避之不及。

关于信用卡被盗刷后处理不当，只能帮别人还钱的案例我看过不少，但也有不少人通过取证报案，没有损失一分钱。

所以，如何在信用卡被盗刷后，通过合理的手段，将自己的损失降到最低呢？

小绿收到的扣费短信，显示商户在国外。在咨询银行客服后，她才知道，自己的信用卡居然在美国被盗刷了。

小绿感到不可思议，一连问了我好几个问题——"我是不是只能认栽了？""钱还能追回来吗？""这张卡还能用吗？"

我告诉她："只要方法得当，掌握好最佳时机，还是有很大概率避免损失的。"

这不是在说好话安慰她，而是真的有办法。如果你也和小绿一样遭遇了信用卡或银行卡被盗刷，可以按照我说的做。

确认是不是诈骗短信

收到一条不是自己消费的刷卡短信后，每个人的第一反应肯定是吓一大跳。这时候，分两种情况：

① 你的信用卡真的被盗刷了（真的有人花了你的钱）
② 你收到的是诈骗短信（骗子骗你的，你的钱还在）

想要验证发生的是上面哪种情况，最直接有效的方法就是打客服电话问。

千万不能点击短信内的电话直接拨过去——诈骗短信内所有信息都是假的,标点符号都不能信,何况是里面的网址和电话呢?

客服电话都写在卡的背面,24小时值班,任何时候都有人接,及时打过去就对了。如果你身边没有信用卡,可以登陆各银行的官方网站或者拨打114查询。如果是诈骗短信,你不理它就好了。小绿抱着一丝希望打了电话,结果客服告诉她钱是真的没了。

确认卡是否丢失

这个时候,你要赶紧看看卡还在不在。如果卡也丢了,那你就自认倒霉吧!钱肯定是追不回来了。

举个例子,张三用信用卡买完东西,不小心掉地上,结果被一个人捡走了。这个人旁观了张三的支付过程,知道他的密码,几天后咔咔刷了好几万。这种情况下,银行不用承担责任,因为是张三没有看好自己的卡和密码。

但如果张三及时发现卡丢了,立即致电发卡银行进行挂失或者冻结,就不会有后续的损失。(注:在平时生活中,如果信用卡丢了,也要第一时间打客服电话挂失,银行会补给你一张新卡。)

当然,如果你的钱已经丢失,那更要抓紧时间挂失,及时止损。小绿的情况属于第二种——卡还在,钱没了,怎么办?

这时,可以依次进行五步操作。

1. 挂失

为了不浪费时间，挂失可以和"确认是不是诈骗短信"和"确认卡丢没丢"同时进行。挂失的作用是及时止损——万一对方只是买累了歇一会儿，休息好了又开始刷了怎么办？万一他人又用你的卡买了一堆平时你连看都不敢看的奢侈品，你岂不是要被气死！

2. 取证

挂失之后，信用卡银行客服会要求你带着被盗刷的信用卡，马上去附近的 ATM 机查询、取款——随便哪家银行的 ATM 机都行。

刚刚你已经让客服冻结了你的卡，所以 ATM 机会提示你取现不成功——等不成功的画面一出现，你就赶紧用手机拍下来。

能不能取出钱并不重要，这么做的目的是证明卡还在你手里，你也离被盗刷的地方很远。

如果周围没有 ATM 机，那就先去附近的商家用 POS 机刷一下，但这个方法的价值远没有 ATM 机大。

去之前，为了增加可信度，先让被盗刷的本人像手持身份证那样，手持银行卡拍个照。在 POS 机上刷卡，机器提示不成功的时候也要用手机拍照，以后可能用到。

这一步完成之后再给客服打个电话，让客服邮一份最新的账单过来，账单里要包含刚才取款不成功的那笔交易（只要机器连了网，无论交易成不成功，都会体现在账单上）。

账单是为了证明这笔交易是盗刷的,是要给警察的证据,很重要。

获取账单有三种方式:

① 让信用卡银行客服马上搞定,发你邮箱

客服有推脱的可能性,但不论是态度强硬,还是软下来求情,都务必达到目的,因为这是必需的材料。

② 去银行网点排队打印交易信息

这种方式相对第一种方式,需要的时间会长一些,但是很多人都用了这种方式。

③ 让客服给你邮寄

提供你的地址,让客服给你邮寄,这种方式周期也比较长。

这三种方式中,第一种是最迅速的,但难度是最大的。如果你可以快速说服客服,就能马上拿到账单,拿到以后就可以立即去报警了。其他两种就比较慢了,时间一久,风险肯定是增加的。

无论用上面说的哪种方式,都要让银行在账单上手写一句话:上述材料经核对与系统内部数据一致。

这句话很重要,写好后,让至少两个工作人员签上字。你可以直接跟大堂经理说明来意,正常的话他会替你办好以上这些手续(如果你用的是第一种方式,直接让客服写好发你邮箱,就不需要再跑银行了)。

此外，因为小绿是在国外被盗刷的，我还建议她去营业厅打印一张盗刷期间的通话记录。

这么做是为了证明她在家，不在卡被盗刷的国家（或地区）——通话记录可以体现你最近打电话的地点和时间，通过这张单子，就可以证明她本人不在异地了。

一般规模大点的营业厅都能打通话记录，本人带上身份证就行，有手机密码的话能快速一些。没有也没关系，可以直接找前台帮忙。

3. 报警

第二天下午，小绿拿着所有材料去了派出所。

信用卡诈骗罪（冒用他人的信用卡）的立案标准是 5 000 元人民币以上。如果满足立案标准，就可以去派出所报案。去派出所前，要准备 4 份材料。

① 身份证复印件
② 信用卡复印件
③ 被盗刷交易的信用卡账单或交易凭证（不带签字可能无效，视各地规定而定）
④ 通话记录（异地盗刷才需要）

原则上，你的户籍地、开卡行所在地、案发地的派出所都会受理。如果满足立案标准但对方不受理，尽量再争取一下，实在不行，就换一家符合前述原则的派出所再试试。

如果都不受理，就让派出所出具不受理立案的通知书，且一定要写上警察的警号和盖上派出所的印章，不写的话银行会视其为无效。

这个《不予立案通知书》就是你去过派出所的证明，因为银行没有权力直接受理案件，需要有派出所介入。换句话说，有这个手续，银行才会承认你被盗刷是一起案件。

如果派出所受理了，把你带去的四种材料交给警察，之后是做笔录。笔录中要写清4点：

① 被盗用的详细经过

② 信用卡发卡行

③ 信用卡卡号

④ 信用卡被盗刷明细，交易商铺信息（这个在交易明细上也会有）

做完笔录，一定要让派出所出具一份受案回执单给你。做完这些事，把所有的材料邮寄给银行。

4. 回寄材料

小绿去的派出所办事效率很高，当晚，小绿就把派出所开的受案回执单原件（如果你没有，就拿着不受理立案的通知书）、银行卡复印件、身份证复印件和写好的确认函邮寄给了银行。

确认函就类似于保证书，被盗刷的人向银行发誓——"这笔钱真的不是我花的，是我花的我是小狗"。

具体的截止日期、邮寄地址和确认函下载地址需要提前和客服确认好。做完这些事，等银行给你回电话就行了。

银行办事周期都比较长，这也不能怪银行，不是他们消极怠工，他们也有很多问题要处理。

每一笔交易都涉及很多个环节，快的话，3天就搞定，慢的话……只能耐着性子等等。

很快，一周过去了，小绿每天都给客服打电话，但客服都说在调查，她又给派出所打电话，派出所说在侦查。小绿都想放弃了。

我告诉她："这时候，还有两个办法。"

第一，想多层保障，让事情尽快解决的话，可以投诉到国家金融监督管理总局。

你可以在之前几次打银行客服电话的时候顺便提一下它，但措辞不要太过分，能有不错的效果。

尽管国家金融监督管理总局不能介入银行与你的纠纷、直接对案件负责，但它有监督银行履责的职能和回复解决时效要求，能让银行尽快处理你的案件。

知乎有位名为"JerryLiu"的用户，在被盗刷4.7万后，与银行多次沟通无果，选择向银保监会（注：国家金融监督管理总局的前身）投诉。两个多月后，相关银行北京分行打来电话，正式告知Jerry该笔盗刷款不用本人还了。银行不仅为Jerry重新办理了信用卡,还赠送了 10 万的信用卡积分。没多久,他也收到了银保监会的正式回函。

小绿问我这个机构的地址是啥,我说你知道也没用,它不当面接收材料的,可以直接打电话。

跟国家金融监督管理总局沟通过后,他们说可以传真或用 EMS(任何时候,如果与国家机构打交道,都请尽量用 EMS)邮资料。之后,等银行电话就行了。

第二,可以向当地的人民法院起诉。

2021 年 5 月 25 日,最高人民法院发布了《最高人民法院关于审理银行卡民事纠纷案件若干问题的规定》(以下简称《银行卡规定》),以法律形式确定一点:银行卡被盗刷,可向发行卡索赔。

你需要证明的是,卡被盗刷且自己尽到了保护信用卡信息的义务,且及时挂失防止了损失扩大。带着盗刷时真卡所在地、交易行为地、交易通知、报警记录、挂失记录、账户交易明细等证据,法院会给你一个合理的结果。

5. 尝试联系商户

前面我提到,银行处理问题的周期都比较长,如果最后判定为被盗刷,追回全部款项就还好,如果最后因为证据不足或其他原因追款失败,那么之前的一切努力都白费了。

除了要坚信银行可以处理好外,还可以根据结账单上收款商家的名字,上网查到联系方式,让商家冻结交易。

据《京华时报》报道,有位央广记者曾通过这种方式成功挽回损失。2016年10月19日,她被三条信用卡消费短信惊醒——共计8 000美元,折合人民币五万四千多,刷卡地都是美国的购物网站。

这个记者在完成了挂失和报警后,开始了"自救"。

她先是仔细看了账单,账单上除了交易时间、交易类型和交易币种外,最下面就是交易商户。她马上去网上查了一下,发现这是三家美国的购物网站——其中两家是卖奢侈品牌的,还有一家是卖高级羽绒服的。

她分别从网站上找到了客服电话,在跟客服叙述了盗刷经过并提供了信用卡号后,前两笔交易都顺利取消了。

第三笔打电话的时候,客服下班了,两天后,她也顺利取消了这笔订单。

这个记者之所以会成功,是因为她的信用卡不是即时到账的,如果在结算之前联系上商户,就可以取消订单。

这个方法操作起来也不太难,只要提供交易银行卡号后几位、交易时间、交易金额,让对方查到该订单后冻结并取消就可以了。不过联系前,最好确定是线下盗刷还是线上盗刷。

- 线下盗刷:你的卡被人在商场、商店直接消费了。
- 线上盗刷:你的卡被人用于网上购物了。

线下盗刷比较麻烦,因为是一手交钱一手交货,商品已经被拿走了,商家可能不会轻易把款项还给你。但你可以要求商家提供相关证据，如果有监控录像更好（最起码可以证明不是你刷的卡）。

线上盗刷的话，商品不会马上邮寄到对方手中，如果可以在商品发货前取消订单或冻结订单，那么最起码可以挽回损失了。

即便如此，与境外商家联系还会遇到其他的问题，如语言不通、时间差等等，这时候你可能就要找懂外语的朋友帮助了。

信用卡被盗刷后，虽然在解决过程中会遇到很多问题，但只要耐心点，问题一般都能得到妥善的解决。

有空的话，可以试着拨一下客服电话，记住拨号顺序，也可以多留意一下附近的派出所、居委会，看怎么走最快。

相信我，不仅是盗刷这件事，上述方法很多事情都会用到的。

随着信用卡的普及，越来越多的年轻人喜欢"先消费后还款"的消费理念，每个月为新买的包包还款已经够辛苦了，如果再被不法分子钻了空子，一旦你处理不当，还要为别人还款，那可真是太冤了。

遇到让自己利益受损的事时，咱们也别慌乱，该取证取证，该走流程走流程，法律会公正地保护每一个人。

我们总说，那些发生在新闻里的事，离自己太远，常常抱着侥幸的心理活在这些危机之下，一不小心就成了活生生的案例。

多学习法律知识，看似无聊枯燥，又离我们很远，但其实这事儿就跟晴天备伞是一个道理，别等大雨倾盆了才手忙脚乱，最优秀的危机处理办法就是时刻准备着。

希望通过这篇文章,你不仅学会了信用卡被盗刷时的解决办法,还要明白,在我们的生活中,法律无处不在,学法尊法,不仅能保护我们免受侵害,更重要的是让我们学会树立危机意识,从源头上保护自己的合法权益。

让我们来总结一下,

(1)本人立刻和信用卡合影。

(2)去附近 ATM 查询、取款并保留回执单。

(3)去附近消费场所进行消费并保留凭证。

(4)去银行查询索要最新信用卡消费账单。

(5)去营业厅查询保留被盗刷期间的通话记录。

2. 别掉进租房中介的坑里

在大城市生活,首先绕不开的就是找到合适的落脚地。

租房,不是一件易事。许多年轻人常常为了省钱,一不留神踩进黑中介的坑,我的一个朋友就曾有过类似的经历。

一开始,对方态度很好。房租2 100元一个月,押一付三。我朋友很满意,可等她签了合同交了钱,对方却翻脸了,要加收卫生费、网费和物业取暖费,而且得一次交一年,一共3 260元。为了花钱买安心,她咬着牙交了这笔钱,结果对方还不罢休,突然表示厨房也要租出去。

我朋友被惹恼了,要求退钱不住了。对方却只肯退两个月房租。后来她才知道,原来这人根本不是什么二房东,而是黑中介。

这就是黑中介的套路,先用低价房租骗你签约,再用各种手段要挟你交更多钱,让你住得不安心,最后逼你搬走。

这种事在大城市太多了,绝大部分人都选择忍气吞声,顶多上网发帖骂两句就算了。大家觉得,维权太难了,拿回来的钱可能还不够付律师费。

实际上,你可以照常上班,每天在公司吃完午饭打半小时电话,就可以把钱拿回来。即使去法院起诉,也不用花钱请律师,跟公司请几天假就可以搞定。

收集证据

维权之前,最重要的事情就是收集好各种证据,包括租房合同、交易记录、通信记录,以及与黑中介对话的录音。

如果租房合同上没有黑中介的信息,你还得自己先查清楚。

譬如我那位朋友,因为是跟黑中介个人签约,她一开始只有对方的身份证信息,不知道他公司叫什么。但在网上搜索后,她发现很多人都被他坑过,在这些咒骂黑中介的帖子里,最终找到了对方的照片以及公司名字。

之后,你可以在国家企业信用信息公示系统搜索中介公司的工商登记信息。另外,你要对房间拍照取证,以免黑中介赖你弄坏了房间里的东西,要你赔钱。

证据收集好,就可以开始以下列方式维权了。

向工商局投诉

很多人被骗后第一时间就想到报警,但大多数黑中介的行为是欺诈,属于民事经济纠纷,警察仅是以调解为主。当然,如果情况纯属诈骗，且金额超过 3 000 元，是可以报警立案。

打 12315 向工商局投诉，也是性价比较高的维权途径。一些城市还依托 12345 政府服务热线，开通了"黑中介"投诉举报专线。

福州有位女士，在租房前给中介公司交了 500 元押金。后来房东不同意租房，合同没签成，可中介却不肯退订金。最后，女士打了个电话向工商局投诉，就成功拿回了钱。

但需要格外注意的是，如果中介要求签约前交"定金"，最好不要交，否则容易陷入被动。如果实在心仪，要约定清楚退款条件。

2018 年 12 月，西安的刘女士在租房前给中介公司交了 1 000 元定金。刘女士看过房后，发现房子里的家具味道有些刺鼻，不想租了。中介却说，"不租可以，定金不退"。在拨打热线后，得知定金一旦交付，商家是可以不退还的。

除了投诉，你还可以举报。譬如，在收集黑中介公司信息的时候，如果你发现这家公司没有在住建委备案，而根据《房地产经纪管理办法》第 11 条规定，中介公司要在拿到营业执照后的 30 天内，到所在地区的建设（房地产）主管部门备案。因此，你可以拨打 12315 举报，要求吊销这家公司的营业执照。

如果当地的工商局拒绝执法，说不予受理，你可以打电话给工商总局（010—88650000），投诉当地工商局不作为。

这种方法最适合上班族，可以一边上班，一边投诉举报。你需要每隔两天打电话跟进情况，直到工商局出面进行调解。

但是这方法有个缺点，工商局负责从事经营活动的单位、个人、机构等市场主体的登记注册和监督管理。如果消费者与黑中介里的某个个人签约，工商局很可能不予受理。这时候，你就要走另一条路。

去法院起诉

很多人受了误导，认为打官司耗时耗力又耗钱，很不划算。其实黑中介这类金额低的经济纠纷，维权成本很低。以北京为例，只需要投入 200 多元钱和一天半的时间（立案半天、出庭一天）就可以了。

对这类纠纷，你可以走简易程序或者小额诉讼程序，以节省时间。简易程序简化了诉讼流程，大概 3 个月审完。

有位豆瓣网友就分享过她的诉讼经历——没有请律师，3 个月内开庭，1 个月内判决，最后成功拿回被坑的 4 000 多元钱。

小额诉讼更快，一般 1 个月就能审完。而且，小额诉讼是一审终审制，法院判决后不能上诉，节省了很多时间精力。

至于走简易程序还是小额诉讼，要看纠纷的金额是多少。如果金额在当地上一年度年平均工资的 50% 以下，那就走小额诉讼；如果是在上年度平均工资 50% 以上但在二倍以下的，当事人双方也可以约定适用小额诉讼程度；简易程序的适用并没有严格的标的额的限制。

你如果不会算这个金额也没关系，立案时直接问法院的人就行。这两种程序都很简单，不用请律师，自己按下面流程走就能搞定。

1. 写诉状。你可以让学法律的朋友指导你写，也可以在网上搜一份模板按格式填。即使写错了也不用怕，立案的时候法院的人会指导你。如果是跟黑中介公司签约，那就既起诉公司又起诉个人；如果是跟黑中介个人签约，那就起诉个人。公司可以换，但经手人换不了。

2. 起诉地点选侵权行为发生地或者黑中介公司注册地所在的法院都可以。打个比方，你跟黑中介租的房子在北京朝阳区，黑中介公司的注册地址在北京东城区，那么选择朝阳区或东城区的法院起诉都可以。

3. 打电话去法院，问清楚在哪家法院起诉，以及法院的接待时间（注：一个区可能有几家法院，各有分工，最好事先问清楚免得白跑一趟）。

4. 准备好起诉材料：起诉书、身份证复印件和书面证据（一式两份）。证据包括租房合同、押金条、银行流水或交易记录截图，以及通信记录。如果有录音，要提前整理成书面文字，打印出来，把重点部分标注清楚。

5. 去法院递交起诉状和相关材料，交案件受理费（也就是诉讼费）。案件受理费是多少，你可以根据相关标准算一下；如果不会算也没关系，直接问工作人员就好。

6. 法院确定起诉状和相关材料没问题后，进行立案。你可以问一下能否走小额诉讼程序，不行的话就走简易程序。

7. 正常上班，等法院的开庭通知。

8. 开庭审理。只要你收集好证据，基本都能赢，关键就看法官判决你能拿回多少钱。

9. 结案。如果法院判决后，黑中介拒绝付钱，你可以向法院申请强制执行。

有位居住在武汉的知乎网友曾分享过自己胜诉的经历。2018年，他通过某租房平台，找到了合适的房子，交了押金并签约。等租期到了，中介公司要求收回合同和押金条。他才发现，在租房期间，中介收了物业费，却一直没交过。

搜索之后才发现，许多人抱怨这家中介不退押金，是黑中介。他随即准备了诉状，在法院工作人员的调解下，对方没过几天就通过支付宝把钱转给了他。后来，他所在的聊天群里，也有不少受害者通过诉讼的方式，陆续拿到了钱。

通过起诉维权，并没有大家想象中那么难，只要花点儿精力收集好证据，之后请半天假去法院立案，请一天假去出庭即可，维权成本并不高。

另外，向工商局投诉和去法院起诉，要同时进行。如果等到工商局这条路走不通再去起诉，时间就拖长了。

向住建委或房管局举报

向住建委或房管局举报也十分好用，在一个案例中，有个女孩不小心租到了隔断房，她去住建委投诉了黑中介在屋内打隔断的行为。没过几天，黑中介就打电话过来主动退钱，让她向住建委撤销投诉。向住建委或房管局举报打隔断，一告一个准。但这招并不是每次都管用。

即便如此，你仍可以继续举报，因为根据《房地产经纪管理办法》第 33 条规定，房地产经纪人员以个人名义承接房地产经纪业务和收取费用的，属于违规行为。

实际上，维权并不难，难的是被坑的消费者要克服自己的惰性——很多人被坑之后，懒得研究，懒得计较，懒得行动，顶多上网发帖骂几句。他们没有意识到，维权成本其实很低，只需付出一天半时间，得到的补偿相当于一个月工资，所以不维权才是真傻。

在维权的过程中，虽然你损失了一些钱，但你也了解到很多法律知识。更重要的是，维权成功的那种成就感，多少钱都买不来。

3. 用火眼金睛击破网购诈骗

现在，几乎人人都习惯在网上购物。尽管方便，也有大平台撑腰，但仍旧存在很多隐秘的网购骗局，害人不浅。

我看过一则新闻，讲的是"退款骗局"。南京的小张网购了一件东西，快递丢了，卖家也不愿赔偿。正当他郁闷时，电话突然响了，来电的是那个商家，也不知为什么，商家的赔偿态度突然变了，主动要给小张退款，但是有一个要求——必须通过微信退款。

小张开心坏了，寻思着只要对方退钱，用哪种方式都行，于是就加了对方微信。

紧接着对方发来一张二维码，称这张二维码是他们的退款码，扫了二维码就能收到退款。

小张退款心切，就听从对方的指示，扫了二维码。这时，对方却发来一张转账失败的截图，说给小张的退款没转过去，另发了一张要小张重新扫一下。

这样往返几次后，小张突然收到了某网络借贷平台的短信——就在刚刚，小张的账号在该平台贷走了 1.3 万元。

小张赶忙登上自己的账号，发现钱已经被尽数转走。小张又赶紧给对方打电话发微信，却再也联系不上了。

后来他才知道，对方早就盗取了小张在借贷平台的账号，并向平台借贷，再将确认借贷的二维码发给小张。小张毫不知情地背了债，钱却落到了别人兜里。

像小张这样遭遇网购诈骗的人并不少，据统计，截至 2022 年 11 月底，全国公安机关共破获电信网络诈骗案件 39.1 万起。在网上一搜，就能发现太多人受骗的经历。

我从中找了几个典型的案例，将他们的诈骗手法整理在一篇文章里，告诉你这些骗子们到底在玩什么把戏，以及如何识别避坑。

来自客服的问候：要成为"尊贵会员"吗？

去年，我在某购物平台上买了几本书。下单的第二天晚上，手机响了，我一看号码："4008105666"。

"是 XXX 先生吗？"对面传来一略带港台腔的女声。对方声称自己是平台客服，因为平台系统故障，我的账号被误操作升级成高级会员，在平台上买东西会打九折，但是每个月要收 600 元的会员费，问我要不要取消这个会员。

我忙着做别的事，也就没多想，让她帮我取消掉。"取消这个订单需要您出具一张银行的退单，我这就通知银行，稍后银行会给您致电,确认您是否取消。手续办理完后,我们会寄200元的购物代金券给您作为补偿,您的地址是:北京市东城区XXXXXXX。现在,我们需要您提供一下您付款银行的名称。"

听到对方丝毫不差报出我的地址,我稍微放松下来:"中国银行。"

"稍后银行会联系您,祝您生活愉快。"

挂了电话后,我总觉得哪里不太对,银行晚上都下班了,怎么还会给我打电话?但对方对我信息的了解程度以及说话口吻,让我感觉我只是在帮平台解决一点儿小问题。

没过多一会儿,电话又响了,手机显示来电号码"01095566"。

看到这个号,我顿时打了个激灵,腾地从椅子上跳起来。谁给了你勇气,让你来骗我的?!

中国银行的服务热线是"95566",但是,骗子可以通过伪基站改变来电显示,不过,大部分伪基站不能完全复制公共单位的号码,会在这些号码前加区号,比如"010"。(有的伪基站也可以将号码改成和银行完全一样,所以,如果不能确认对方身份,你可以回拨电话,如"95566",以确认对方身份。)

意外发现对方是骗子反倒让我兴奋起来,我想看看他们能玩出什么花样来。

"您好",略带台湾腔的男声传了过来,"我是中国银行客服,XX平台通知我们您这边要取消一个会员服务,我们特地来电向您确认一下。"

我这才意识到,刚才那个客服电话只是骗子的铺垫。"我们需要您在晚上十点之前在银行存取款 ATM 上协助我们，我们才能出具取消订单证明，您现在附近能找到 ATM 机吗？我们这边有很多操作，需要您在 ATM 机上确认，您也可以监督整个退款流程。"

"请您尽快！今晚 10 点，我们银行这边就要扣第一笔款了哦。"对方开始催促起来。

我想看看对方具体怎么行骗，于是在楼下找了个 ATM 机。

到了 ATM 机前，对方说，"我们取消业务的步骤分这样几步：首先插入银行卡并输入代码，然后您会在屏幕上看到我们的主管'赵 XX'的名字，这个取消业务需要他亲自操作。您也会看到我的工号 098567，然后要输入一个安全代码，这个代码是 1421。请务必记住，1421……（此处省去 1 000 个字），然后我们会给您出具已取消业务的证明。"

我从没听说 ATM 机还有这种操作，心中一喜：骗子要在 ATM 机上变魔术吗？"请您插入储蓄卡，接下来的操作需要在英文界面下进行，请您选择屏幕上 English。接下来您操作的是一个远程映射的界面，请按照我的指示选择，确保不要按错。您看到卡上的磁条了吗？那里面存储着卡片的信息，我们需要做一些修改。"

我插进一空卡，输了密码。

"请您选择右边第三个的选项，然后输入这个序列号：62107 635……"

我一低头，看到"Transfer"（转账）。"这不是转账吗？"，我打断了对方的说话，"我是要退款，不会给任何人转账"。"这是我们取消操作必不可少的一部分。您要输入的账户是封闭的，收不进款,您放心操作,不会有问题的。"对面显然开始着急,并开始威胁我。"今晚10点前不办理完,晚上就要扣第一笔钱了,就是您明天到柜台办理,钱也退不回来,这所有的责任都得你自己承担。您现在只要输入账号:62107635……"

骗子开始反复纠缠我转账,我看骗子没什么新花样了,就扫兴地挂了电话。结果刚到家,电话又响了。

"先生您好,我看银行那边的取消订单被退回了,您是不取消了吗?"

我心想还真是锲而不舍,"对,我不取消了,我要成为你们尊贵的会员。"

对面沉默了三秒后说:"可……可是先生,您刚才还那么坚定地要取消,这个会员每个月会收取您600元的费用,从今晚开始扣除,您确定不取消了吗?""我已经给您走取消程序了,程序已经走了一半了,退不回来,如果您不配合取消业务的话,银行会因此冻结您的账号,影响您的信用评级,给您一生留下污点……""我现在要办会员,一会要还没办好,我就投诉!"我回复她。"嘟嘟……"对方挂掉了电话。

这个故事到此结束,可是,如果有朋友不知道伪基站可以改电话号码,或者是不认识"转账"的英文transfer,很可能就上当受骗了。

无独有偶,我的好友大魔也遭遇过类似的网购骗局。他花195元买了一瓶防晒霜,几天后接到一电话,对方自称是小红书工作人员,问大魔使用防晒霜以后有没有不适的情况。

大魔摸了摸自己吹弹可破的肌肤,表示:"不知道哇,我给我女朋友买的,她还没开始用。"然后对方说这批防晒霜经过检测,存在产品质量问题,需要召回产品并对消费者进行赔偿。

谈到赔偿时,对方声称要用支付宝里的蚂蚁借呗,然后说了一通复杂的赔偿程序,大意就是:您这蚂蚁借呗里的2万块,是我们刚给您打的,然后您去掉195元,剩下的19 805元,再转给我们就好了。

当然,大魔识破了其中的伎俩,没让骗子得逞。不过,对方却拿到了大魔支付宝绑定的所有银行卡信息。

除了上面的套路外,骗子们还经常会用另一种更为隐蔽的骗局。

网购退款中的无间道:对不起,我是钓鱼网站

不久前,我看过一篇报道,亚马逊被植入钓鱼网站链接,致使多名消费者被骗。

沈先生在亚马逊上买了两件衣服,但两天过去了,衣服还没发货。沈先生气不过,大手一挥,退货了。

几天后,沈接到一电话,对方声称自己是亚马逊客服,平台系统出了点儿小问题,无法处理沈先生的退款申请,需要沈先生手动自助退款。

沈先生信以为真,跟着对方电话的引导,进到该亚马逊"我

的地址"界面，果然发现了"退款说明"。点进"退款说明"里附带的"退款入口链接"，进入了一个登录界面。输入账号密码后，沈先生又看到了一退款界面。沈先生按照要求输入了银行卡账号和密码，以及银行发来的验证码。

实际上，这个链接就是骗子植入在亚马逊网站里的钓鱼网站。骗子假冒客服打电话给沈先生，并诱导其进入钓鱼网站，沈先生输入的账号密码被骗子悉数获取，就这样被骗走了5万多元。

关于电信诈骗的事儿，每天都在发生。2016年夏天，刚拿到大学通知书的徐玉玉遭遇电话诈骗，家里千辛万苦攒够的9 900元学费被全部骗走，徐玉玉心中抑郁难当，心脏骤停，不幸离世。所有人都为她感到痛心和惋惜，但大多数人还是觉得自己不会轻易被骗。

事实上，现在骗子的骗术已经相当完备，普通人一不小心就可能落入圈套。

网购骗局三板斧：一摸二骗三要钱

为了让更多人看透骗子的套路，我分析了30个网络诈骗的案例，总结了冒充客服诈骗的三个步骤。

1. 摸清你的个人信息

骗子在诈骗之前，会先通过盗取你的电商网站账号，摸清你的个人信息，包括最近的订单信息，收货地址，联系电话等等。掌握了这些信息后，骗子就要进行第二步了。

2. 电话冒充客服，利诱或威胁你

骗子会冒充电商平台客服给你打电话，一般用这 3 个理由，请求你协助：

你买东西的订单出了问题，需要协助退款。比如小张和沈先生的例子。

账号被误"升级"，要你帮忙协助取消。比如我去 ATM 机转账的例子。

原先买的东西有质量问题，需要协助召回。比如大魔买防晒霜的例子。

然后骗子会要求你听从他们的指示，进行退款或取消会员业务。有的骗子还会利用伪基站修改来电号码，冒充银行甚至警察，组成更逼真的骗局。

骗子还会在购物网站上做些手脚，比如亚马逊心愿单、网站主页里面的信息，骗子通过编辑这些信息，伪造官方信息，引诱你落入他们的套路。除此之外，为了让你服从他们的指示，他们还会下两个"钩子"勾住你：

承诺给你补偿一些购物代金券，引诱你按照他们的指示做。比如一开始就用 200 元的购物券，引诱我配合他们。

威胁你——如果不按照他们的指示做，会造成很大的经济损失，或者在信用记录上留下污点。比如，看到我不肯转账后，就威胁我如果不转账会有经济损失和影响信用评分。

然后，就要进行最重要的一步了。

3. 防不胜防，花式骗钱术

骗子会要求受骗人按照下面的方式操作，从而骗走受害人的钱：

（1）通过 ATM 转账。骗钱之前，骗子会先扔一大套复杂的程序，一旦你晕头转向了，就只有听从他们了。在他们试图忽悠我的时候，一直在说一堆不着边际的复杂程序，最后就是想要我在英文界面下转账，对 ATM 和英文不熟的人，很有可能就被骗了。

（2）用借呗等借贷平台骗钱。有很多人对这些借贷平台并不熟悉，骗子利用这一点，声称要用这些借贷平台退款，然后又搬出一大堆复杂的退款程序，让人更分不清真伪，小张和大魔的遭遇就是如此。

（3）利用钓鱼网站诈骗。这种方式最隐蔽，同时危害最大。骗子先是伪造官方信息，并将钓鱼网站链接放在其中，以此诱骗你登上钓鱼网站。

你点击钓鱼网站进去，看到的是和官方网站一样的界面。毫无知觉地输入自己的银行卡号和密码之后，就成了别人案板上的鱼肉，任人宰割了。

最后，再来总结一下这些套路里需要注意的 5 个要点：

- 不要轻信任何自称客服、银行服务人员等人的话，最好查到官方电话再打过去，以确认其身份。
- 以任何形式要求你转账的，都可以直接标为"骗子"。
- 坚决不扫来路不明的二维码。

- 坚决不给陌生人任何验证码，这是保护自己的最后一道防线。
- 学会识别钓鱼网站。

我认为识别钓鱼网站最方便的方法是：登录时，随便编一个账号密码输进去，看看能否登入，如果可以，就可以确定是钓鱼网站了。因为钓鱼网站无法识别输入的账号密码是否正确，所以不管你输入什么，都可以登入。

为了验证钓鱼网站这一特性，我特地找了一个冒充苹果设备维修客服的钓鱼网站。当我进入该网站后，出现一个跟官网完全一样的界面。随后，我输入了一个胡乱编成的账号。毫不意外，我进入了下一个界面。

如果我不知道这是钓鱼网站，输入我真实的信息，所有信息都会被骗子截获，然后骗子会先锁掉我的手机，再联系我进行讹诈。通过反查域名，我找到了搭设钓鱼网站的这个公司。不用担心，我已经举报给"猎网"（注：中国第一网络诈骗举报平台）了。

现在，网购诈骗成本低、获益快、取证难，破案率不足 10%。一旦被骗，几乎不可能追回损失。

此外，网购平台越来越多，我们也越发习惯于这种购物方式，很容易掉以轻心。同时骗子的骗术却在不断完善、不断升级，早不是我们印象中那些拙劣的手法了。千万不要轻视骗子，否则最后吃到苦头的很可能是我们自己。

4. 当心被盲目"上进"拖入贫困

"上进""提升""赚钱"——这些都是无可厚非的美好心愿。但是,它也可能被利用,化作一个名为"报班考证"的陷阱。最容易掉进去的,往往是挣扎在温饱线上,渴望更多收入的女性:宝妈、学生、失业者……她们渴望改变现状,提升自我,学习新技能,从而获得更好的生活。

然而,在将目光投向一些高价课程时,她们却发现,投入越多金钱和时间,换来的不是稳定高薪的工作,而是爬不过去的缺钱深坑。越上进却越贫困,成了她们挣不脱的真实困局。

"最适合女生做的职业"

数不清有多少次,刘婷在互联网上刷到职业培训的广告。但没有哪一个,像"健康管理师"这样诱人:

行业缺口巨大,择业空间高、拿证快;

不限专业背景、收入高、时间自由;

通过考试后,还有千元不等的补贴用于免费学习,最适合广大女性做。

思考再三,抱着"技多不压身"的心态,刘婷顺着链接联系到了老师进行咨询,并支付了3 280元的学习费用。

这笔不菲的支出,相当于刘婷一家四口两个月的生活费。这也是刘婷在自己身上花过最大的一笔钱。

30岁的她,生活在辽宁小城,有两个孩子,是个全职妈妈,也是新闻里"6亿人月收入不足1 000元"中的一员。

为了赚钱,这些年刘婷做过微商、卖过衣服、干过饭店的备菜师傅。但因为只有高中学历,加上要照顾孩子,她的职业生涯始终在打零工里转悠。刘婷想通过学习拿下健康管理师证后,像广告里那个宝妈一样创业,"有钱后就不用看人脸色了"。

和刘婷一样,邹雯雯也被"最适合女生做的行业,月入过万"这样的培训广告语吸引。

25岁的邹雯雯来自四川,大专毕业后来到广东打工,目前在东莞一家小工厂做跟单员,每个月工资5 000元,缴纳房租后所剩无几。看着网上同龄人副业做得风生水起,还买了房和车,她也决定把"干副业"提上日程。

她尝试过发传单、送外卖,工资日结且劳累,"离财富自由远得很";她拍过短视频,但生活着实没什么可拍的,只能后知后觉翻拍段子，粉丝一直在个位数徘徊；她还做过枪手写评论，但入行门槛低，干的人多，很快就干不下去了……

副业失败后，邹雯雯想了很多。她最后总结出一点：这些兼职谁都能做，所以很容易被取代。之后，她被"配音"课程吸引了。

广告里，同她差不多年纪的女孩对着话筒录音，用标准的普通话说，"你也可以和我一样，靠声音赚钱"。另一边的课程顾问则将机构里的成功案例发给她，承诺"我们是大公司""还提供兼职平台"。

邹雯雯支付了 6 980 元的学费，如同购买了一张未来理想生活的入场券。

大学在读的胡静则为这张"入场券"花了 3 500 元。她今年大三，在一所民办高校学文秘专业，面临着不小的就业压力。胡静看到了广告里关于心理咨询师"不用本专业、可兼职"的介绍后，决定考下相关证书，为找到稳定工作增加砝码："以后做心理咨询师按小时收费多好，实在不行还可以做社工、当幼儿园教师。证书都是加分项，生孩子后也不容易失业，有证总比没证好。"

此外，PPT 设计、剪辑、手绘、写作等工作，因为工作时间自由、可以居家办公且时薪高，在广告里都被誉为"最适合女性"的职业，吸引了不少想摆脱经济困境的女性报名。

上进，坠入贫穷的开始

购买了昂贵的"入场券"后，等待这些女性的并不是美好生活，而是更沉重的负担。

邹雯雯发现，买课后，自己的生活更糟了。

在录音行业，如果想要录制优质的作品，除了本身声音要足够优秀，还需要优质的录音环境。

她在广告视频里看到的年轻配音女孩，她们所在的专业录音棚，在东莞当地租赁，每小时要花300元左右。如果自行购买设备，最便宜的声卡需要数百元，还需要配备能后期制作录音的电脑。

对支付了高昂学费的邹雯雯来说，这无疑又是一笔巨大开销。但为了能够从事心仪的行业，邹雯雯咬牙置办了设备。

刘婷也感到自己的生活质量在决定报班后断崖下跌。自从决定好好复习考营养师证之后，刘婷每天要抽出2个小时打卡、学习。为了通过考试，刘婷不得不减少了兼职频率，由此收入锐减："夏天走在大街上，连3块钱的饮料都舍不得买"。

邹雯雯、刘婷原本只是想通过上进学习改变贫困的现状，没想到"上进"成了她们坠入贫困的第一步。

在《东京贫困女子》一书里，作者中村淳彦也提到了"上进"致使女性贫困的原因：

"为了消除心中的不安，贫穷的人不会去思考其中的原因，反而会着魔似地浏览那些印着各种职业资格的免费传单。然后，他们会为了取得那些难度较低的资格开始学习。学习自然会花费一定的费用和时间，所以他们的生活会更加窘迫。"

同时中村淳彦也提到，学习并不能改善贫困女子的境遇。"即使学有所成，取得了相关的资格证，能从事的也只有不存在生产行为的事业,想要逃离贫困,依旧是希望渺茫。"

学有所成但无法从事相关行业,也在邹雯雯们身上得以体现。

邹雯雯准备从事配音时才发现,这个行业"看人脉、看天赋",而这两个决定性因素都是靠培训无法获得的。

另外,配音行业已高度饱和。许多科班出身的人,就是因为找不到就业机会,才转行成了这种培训机构的老师。邹雯雯作为非科班出身、只上了几节网课的人,连试音的机会都无法得到。

而胡静则发现,自己报的是"心理咨询师基础培训",而不是她认为的"心理咨询师从业资格证"培训。二者的区别在于,前者只能证明她上过相关的课程,并不意味着她能够从事相关行业。

"就好比我想当医生,应该去考取执业医师证,但现在我被培训机构叫去上了一段时间的课,对方发给了我一张结业证书,只能证明我学过这些课程。"

刘婷也遭遇了"证书贬值"。她苦心复习3个月,才发现自己报名的也是培训类课程而非从业资格培训,自己也没有资格报名健康管理师考试,她满脑子都是:"上当了!补贴拿不到手了!"

或许时间会抚平花费时间和财力成本带来的短暂贫困和心理落差,但报名考试的女性们面临一个更棘手的难题——贷款。

贫困的循环往复

当邹雯雯发现自己无法通过配音变现时,她早已债务缠身——她无法一次性支付 6 980 元的学费，便根据老师的提示办理了分期贷款，分 12 个月还完，每个月还款约 600 元。此外，她用小额贷款分期购买了声卡、电脑等等设备，每个月还款 1 000 元左右。

她想退课，课程顾问却拒绝了她的退课申请，还说她自身能力不够，甚至还给她推荐了更为昂贵的进阶课程，鼓励她坚持学下去。

"这背后和职业教育机构急功近利离不开关系。"在媒体工作、跑教育线的蒋珊说。

最近几年，蒋珊接触到许多类似的维权投诉，其中大部分女孩都带着想改变当下经济状况、提升自己的美好愿景报名学习，但最后都事与愿违，导致更加贫困。

"究其原因，是因为这些在线职业培训机构的初心不是帮助更多女性提升，而是把女性的焦虑当作切口，进行用户收割。"蒋珊解释，许多职业教育公司在课程上花费很少，一些在线职业教育公司花几万元制作一套录播课程后，便开始疯狂售课。

这些公司为了收割更多女性并收取学费，会根据当下热点密集地制作、投放广告引起女性共鸣。比如全职妈妈在乎收入，大学生在乎就业等，并以此为蓝图给许多渴望改变生活的女性造梦。

造梦需要不断地用广告给大家洗脑，营销费用非常大，这也导致职业教育机构现金流吃紧。为了缓解现金流难题，不少教育公司会和小额贷款公司合作，以"学费贷"的形式回笼学费，随后投入到更猛烈的营销中。因此,不少学生在同培训机构签订培训协议的同时,也同金融机构签订了借贷协议,"学校招了学生,学生通过金融公司贷款支付学费给学校",这便导致了三角债的产生。

一旦涉及学员退款,就需要校方先同意,然后学校再将剩余的钱给到学生或者金融机构手里,才能解除贷款。

对于培训学校来说,退款注定是一件难事。于是,贷款成了压在这些女性身上、难以推翻的大山。

为了偿还每个月的贷款,邹雯雯、刘婷不得不寻找一些日结、简单的工作兼职来解决眼前的债务和生存危机。但这些兼职工作大都是重复且琐碎的,没有上升空间,收入依赖于时间堆砌而且微薄。

就这样,她们又进入了焦虑,开始谋划如何通过副业改善生活。而这,又回到了故事的开头。

如果你经常上网,对这些培训广告肯定不陌生:配音、心理咨询师、营养师……在视频里,普通人离高薪收入只差报名和上课的距离,好像只要购买了课程,就能轻松月入过万。

培训广告构建的蓝图,吸引了许多在职场处于弱势的女性。她们因为性别歧视、母职惩罚,只能在职场底端或者零工中打转,收入也只够温饱。为了摆脱贫困,她们本想靠报班考证改写命运,却没想到在贫困陷阱中越陷越深,难以抽身。

在《东京贫困女子》中,作者中村淳彦记录了许多女孩致贫的故事及原因,包括债务、原生家庭、疾病、离婚等。但无论什么致贫原因,<u>生活真正跌入谷底,都是从没有一份稳定收入的工作开始的</u>。与"稳定收入工作"相对的,是非正式雇佣,即"临时工"。

不少跌入考证陷阱的女性,她们做的大多是这样没有上升空间、随时可能离职的琐碎工作,收入远比平均收入低。这也侧面说明了一份好工作对于女性的重要性。

女孩们,如果想要跳出"越努力,越贫困"的怪圈,你就得像大多数男性那样,努力去进入那些看起来门槛高,但可以参与生产的行业。

5. 存一分钱就是挣一分钱

让我来问你一个扎心的问题：你现在存了多少钱？

我认识一些年轻人，他们每个月不管赚多少都是"月光"，从来没有存钱意识，靠花呗、信用卡度日。但还有一些朋友，同样朝九晚五，却早早存下了人生的第一桶金。

不管是"月光族"，还是"存钱党"，大家在聚会中总会聊起存款的话题：

"我想在40岁之前存到400万。"

"我想明年在北京买房。"

"再不存钱就晚了。"

"存款多少"是个敏感问题，平时不太方便张口就问。但在网上，总能看见"90后坦白局""00后到底有多少存款才正常"这种标题的帖子，我们也会忍不住好奇，同龄人到底存了多少钱、自己的存款处于什么水平？

这并不是为了攀比，而是希望能得到一个参照，从而有一个更为清晰的个人小目标。

为了让大家更全面地了解同龄人的存款情况，我们发起了一个名为《中国年轻人存款/消费报告》的问卷征集。

我们在后台一共收到了 2 835 份问卷填写。其中女性 2 565 人，男性 270 人，分别占 90.48% 和 9.52%。

受访者中女性占绝大多数，性别比差别很大，不能代表全社会所有年轻人。它更像是一份针对年轻女性的不完全存款报告，或许能给你一个参考。

报告由五个问题组成，包括年龄分层、所在城市、工资收入、存款金额、负债情况和存钱观念。

同时，一些受访者还分享了自己的经验心得：究竟该如何通过"开源节流"存下钱来，以及如何避开金钱陷阱。

问题一：你的年龄，现在居住在哪个城市？

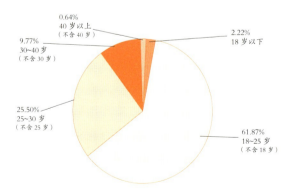

图1 受访者年龄统计图

结果表明,年龄在 18~25 岁(不含 18 岁)的朋友居多,占 61.87%;其次是 25~30 岁(不含 25 岁)年龄段的朋友们。这也说明受访者中以大学生和工作时间比较短的上班族居多。

从大家所在的城市地域来看,整体上北京、上海、广东、浙江、江苏这五个省份或直辖市的人比较多,其他省份也主要是以省会城市居多,整体上一二线城市或新一线城市的人占大多数。

问题二:你已经工作了吗?

图 2 关于"你是否工作过"的统计图

结果表明,已经工作的占 70.9%,其他都是学生或做兼职,兼职比例占到 15% 左右。

已经工作的人其工作时长大多在 1~3 年,其次是 3~5 年;刚毕业工作还不满一年的人占 19.4%,工作 5~7 年的人占 11.19%,也有 13% 左右的人工作时间超过 7 年。

问题三：你的工资是多少？

如果你月薪在 8 500 元左右，就已经超过这份问卷中 65% 的人了。如果你月薪在 15 000 元以上，那么就超过这份问卷中 87% 的人了。

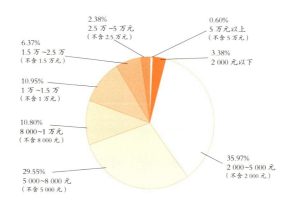

图 3　关于受访者月薪水平的统计图

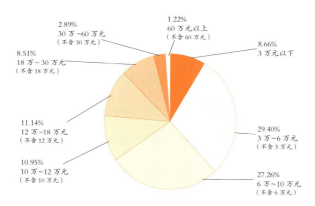

图 4　关于受访者年薪水平的统计图

月薪 5 万, 恭喜您, 您的赚钱水平基本超过了 98.4% 的人……是不是有一种比拼电脑开机速度的感觉?

当然, 由于城市、工作年限不同, 月薪和年薪并不能实际代表你的能力和水平, 只是给大家作为一个参考。

问题四: 你现在有存款吗?

在"您目前是有存款还是负债"这个问题下, 有存款的人占 64.34%, 18.69% 的人没有存款也没有负债。

图 5　关于"您目前是有存款还是负债"的统计图

为了方便大家了解同龄人的情况, 我将年龄和存款金额放在一起, 做了个交叉统计, 情况如下:

X/Y	5 000元以下	5 001~1 万元	1 万~2 万元 (不含 1 万元)	2 万~5 万元 (不含 2 万元)	5 万~8 万元 (不含 5 万元)	8 万~10 万元 (不含 8 万元)
18 岁以下	15 (46.88%)	5 (15.63%)	4 (12.5%)	5 (15.63%)	0 (0.00%)	2 (6.25%)
18~25 岁	162 (14.37%)	187 (16.59%)	226 (20.05%)	278 (24.67%)	95 (8.43%)	50 (4.44%)
26~30 岁	10 (1.96%)	26 (5.11%)	41 (8.06%)	89 (17.49%)	76 (14.93%)	57 (11.20%)
31~40 岁	5 (2.81%)	1 (0.56%)	6 (3.37%)	19 (10.67%)	14 (7.87%)	11 (6.18%)
41~50 岁	0 (0.00%)	0 (0.00%)	0 (0.00%)	0 (0.00%)	0 (0.00%)	1 (9.09%)
60 岁以上	0 (0.00%)	0 (0.00%)	0 (0.00%)	0 (0.00%)	0 (0.00%)	0 (0.00%)

(续表)

X/Y	15万~20万元	20万~30万元	30万~50万元	50万~100万元	100万~200万元	200万~500万元
18 岁以下	0 (0.00%)	0 (0.00%)	0 (0.00%)	0 (0.00%)	0 (0.00%)	0 (0.00%)
18~25 岁	29 (2.57%)	19 (1.69%)	8 (0.71%)	7 (0.62%)	9 (0.80%)	1 (0.09%)
26~30 岁	31 (6.09%)	47 (9.23%)	31 (6.09%)	21 (4.13%)	6 (1.18%)	1 (0.20%)
31~40 岁	16 (8.99%)	31 (17.42%)	22 (12.36%)	14 (7.87%)	11 (6.18%)	7 (3.93%)
41~50 岁	0 (0.00%)	2 (18.18%)	1 (9.09%)	2 (18.18%)	2 (18.18%)	2 (18.18%)
60 岁以上	0 (0.00%)	1 (50%)	0 (0.00%)	0 (0.00%)	0 (0.00%)	0 (0.00%)

图 6 关于"年龄和存款金额"的交叉统计图

18 岁以下的人存款金额大多在 5 000 元以下，由于他们还是中学生，这些存款里估计压岁钱和平时节省下来的生活费居多。

18~25 岁年龄段，主要是大学生群体及刚大学毕业工作的女孩。他们刚毕业，所以工资不会很高，每个月能攒下的钱也不会很多。

存款 1 万~2 万元的占 20.05%，2 万~5 万元的占 24.67%，也有超过 25% 的人存款在 5 万元以上。

26~30 岁年龄段，超过 70% 的人存款在 5 万元以上，存款在 10 万元以上的也超过 40%。

31~40 岁的人中，存款超过 10 万的人数更多，占 68.54%。

不管是存款三五千块，还是一两万元，这都是好的开始。随着年龄和工作经验的增长，大家的存款肯定是会增长的。

我相信通过你的努力，你的银行卡余额会变得更多。即使是富豪想赚 5 个亿，也得靠自己的智慧和经验脚踏实地一点点赚到，天上不可能掉馅饼。

做这个分析是为了让大家更清晰地了解同龄人的情况,同时判断自己所处的位置。

如果你的存款超过了大多数同龄人,那么恭喜你,希望你再接再厉。如果你的存款少于同龄人很多,那也没关系,毕竟不是每个人的起点都一样,你不必为此特别焦虑。

问题五:你的存钱观念是什么?

翻看大家的回答,我发现大多数人是有存钱意识的,那些月光族、完全不考虑存钱的人加起来也只占 2.6%。大多数人都会选择适当消费,在保证生活质量的基础上去存钱。

但是,也有 19.9% 的同学会有个困惑,那就是到底该怎么存钱?他们一般都是该花就花,能剩多少是多少,没有具体的存钱手段和计划。

图 7 关于受访者存钱观念的统计图

问题六：你现在有负债吗？

前文的调查中，显示只有 16.97% 的人还在负债。

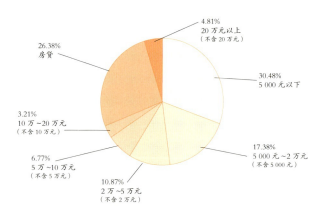

图 8 关于"你现在有负债吗？"的统计图

大家的负债金额整体上不是很多，大多在 5 000 元以下，几乎都是花呗没还、基本的日常消费等，其实这些并不能完全算作负债。此外，超过半数人的负债都在 5 万元以内。

这些负债关键词包括：

图 9 负债关键词

在日常生活消费这一部分，我发现"超前消费"是一个高频词，比如很多人都说自己花钱没有规划，大手大脚，导致个人财政出现赤字。

有几个姑娘说自己上学陷入校园贷，个人征信受到影响。还有几个女孩提到自己是因为谈恋爱造成的负债，可能为了约会或送对方昂贵的礼物。这里也提醒大家，不管是恋爱还是生活消费，都要量力而行，不要盲目为之。

从这个问卷结果来看，负债超过 10 万，达到几十万甚至上百万的其实还是少数。但在这里你可能会看到一个突兀的选项：房贷。

由于房贷算是固定资产，和因为消费等其他情况造成的负债有所不同。为了便于区分，设计问卷时我单独设置了这个选项。

结果不负所望，负债的 561 个人中，有超过四分之一的人是因为买房贷款造成的负债，负债金额从几十万元到几百万元不等，压力似乎很大。但这种负债是良性的，她们换回了一套能增值可变现的固定资产。当然，我们也不鼓励大家盲目投资房产，还是得根据自己的实际情况和需求，量力而行。

报告的最后，是关于受访者的存款目标。我发现，超过六成的女孩都有明确的目标，比如一套房的首付，20 万、30 万等具体的数字。由于每个人的收入水平、地域不同，大家的目标并没有太大的共性。但是有目标是好事，象征着对未来生活的期待。

有意思的是，许多人把实现目标的界限划在了 30 岁。

最高频出现的关键词是 30 岁，如 30 岁攒够一套房的首付，30 岁买房，30 岁攒到 50 万元……大家的目标都是以 30 岁为界限。由于每个人的收入水平、地域不同，大家的目标并没有太大的共性。

不过还有四成人，并没有给自己设定存款目标。有的人比较年轻，还没有想得太长远，也有人习惯随性生活，不想有太大的心理压力。

但是目标确实很重要，因为大多数能存下钱来的人，都多少有规划的习惯和意识。他们并非都极度抠门节省，也未必生活品质很差，而是有自己的窍门和方法。根据他们的回答，我总结出六点经验：

1. 从小就要有存款的意识，不论多少。

很多同学可能还在上学，没有正式工作过，但手头已经有了好几万的存款。他们会把压岁钱、奖学金、日常兼职的钱存到银行卡里，积少成多，几年下来也是一笔不小的存款。

2. 控制欲望，减少不必要的开销。

有位姑娘说自己大学期间靠奖学金和实习工资生活，父母给的生活费都存起来了。她没有花钱的爱好，而且积极理财，目前已存了 30 万~50 万元。

还有个姑娘说她没有刻意去存钱，她从小就养成了储蓄的好习惯，因为母亲的节俭让她耳濡目染。毕业出来后，租房、购物、娱乐她都会仔细考虑:"这个值得吗?我真的需要吗?"她认为自己目前物欲很低,看着存款特别有安全感。

这一点我觉得大家也可以借鉴一下:当你想买一个东西之前先问问自己:我真的需要吗?它值这么多钱吗?

3. 学会记账,规划开销。

比如,有个姑娘就坚持记录每月花销,月初做规划,月底复盘,控制各比例支出。

4. 设置存钱的目标,发工资第一件事先存钱。

很多手机银行都有固定存钱的功能,大家可以设置每个月的存款目标,发工资后先存起来一部分,剩下的作为日常开销和备用金,存到一定整数后再去银行存定期或购买长期理财产品。

5. 学会理财,千万不要盲目加杠杆。

理财并不是说你手头得有多少钱才能去做,我们问卷中的很多人都在业余理财,不管是基金定投,还是支付宝、微信的理财产品。你可以根据自己的实际情况量力而行,选择适合自己风险承受能力的理财方式就好。

但这里也提醒大家,千万别盲目加杠杆。

什么是加杠杆?就是你本来有1万块钱的本金去买股票,但你发现最近白酒行情很好,觉得投了必赚,于是你去抵押房子借了50万去买这只股票。一旦股票大跌,以你的存款和风险承受能力,就只能卖房还债了。

6. 学会搞副业。

比如有个姑娘,大二就开始创业开网店,慢慢攒下来一些钱。问卷中的很多人也会通过各种各样的途径去赚钱,搞副业。

在报告的结尾,我想再强调一下,不必因为他人的存款或收入过度焦虑,由于所在地域、城市、个人经济水平和收入消费水平的不同,收入水平并不能和生活幸福度画等号。所以大家不要拿二线省会城市几千块钱的工资和北上广深月入上万进行对比,消费水平不一样,工作压力和生活幸福度也是完全不同的,没有谁比谁高一级,或谁更有优越感。

不管是大城床还是小城房,关键取决于你自己的选择,适合自己、自洽就好,没有对错。

但不管哪种选择,我都建议大家:不要在该为自己打拼的年纪去躺平,不要丢掉存钱的意识,更不要丢掉自己赚钱的本事和技能。

因为,这是你重新站起来的底气,让你在人生的任何低谷,都能拥有再来一次的勇气。

下篇 健康安全指南

1. 提防代约疫苗的骗术

从"杀猪盘"到"宝妈兼职骗局",女性情感上的软肋、经济上的难题,如今都成了骗子乘虚而入的天窗。如果你认为,有钱有文化的独立女性能逃过一劫,那就天真了。

现在有一种骗术,它利用的不是女性的弱势和无知,而是女性的觉醒和对健康的积极追求。

这种骗术名为"杀鱼盘",是专为迫切希望预约九价HPV疫苗的女性"量身定制"的圈套。

急于接种疫苗,却被骗子当作"肥鱼"

2017年,可以预防宫颈癌的HPV疫苗在我国正式上市,女性对自己健康的关注度涌上高峰。

全国各地的HPV疫苗接种站常常处于爆满状态,尤其是可预防病毒种类最多的九价HPV疫苗,更是一针难求。

在女性焦急地等待接种疫苗时，骗子却嗅到了"商机"——一种名叫"杀鱼盘"的电信诈骗，以代约九价 HPV 疫苗为诱饵，向受害者骗取了几百元到上万元不等的预约费。

骗子大多潜伏在朋友圈、微博、小红书、贴吧等常用社交平台，向约不到疫苗的女性暗示，自己有特殊门路。低段位的骗子，一般会直接发帖钓鱼，自称有亲朋好友在相关行业工作；高段位的骗子，则会藏在普通网友吐槽疫苗难约的帖子当中，先跟着大家一起吐槽两句，再假装自己已经成功约到疫苗，等着"鱼"上钩。

普通人很难判断，那些声称自己已成功接种疫苗的评论，究竟是来自分享经验的好心网友，还是正在钓鱼的骗子。一旦有人讨教预约技巧，对方就知道，鱼已经上钩。

下一步，就是进入私聊，花言巧语博取"鱼"的信任。一个巨大的圈套就此展开。

我们有多容易被骗子蛊惑？

为了进一步了解骗子的套路，我也主动当了一回"鱼"。

我在微博联系了一位"内部人士"张三（化名），询问关于九价疫苗的预约事宜。

在此之前，我曾搜索过北京相关疫苗接种点，发现九价疫苗全部缺货。但张三却告诉我，他这边还有 7 个名额，他说可以先帮我预约疫苗，成功后再付款，接种疫苗的地点就在正规公立医院。

当我表现出犹豫时,张三赶紧向我保证,预约不成功不收取任何费用。如果因为特殊原因,无法按时到达医院,他还可以帮我延迟接种时间。

这听起来真的非常让人安心。如果不是提前就做了对方是骗子的准备,我很容易就会失去警惕。

在提供个人信息之后,张三马上通知我,他已经帮我登记预约了。最多半个小时,我就能收到正规公立医院的预约成功短信。我不得不佩服张三的工作热情。

我居然在半夜23:20(非工作时间),收到了九价HPV疫苗预约成功的通知。而且看上去还挺靠谱——有疫苗预约机构"约苗"的提示,有具体的时间地点,还有接种码。

张三还贴心地提醒我:不要把这条短信发送给其他人,以防泄露接种码,疫苗被他人冒打。

虽然这话听上去言之有理,但如果真的照对方说的那样做,是不是意味着收到短信的人,放弃了向亲友求证的机会?我自以为看穿了这个逻辑陷阱。毕竟比起刚认识的网友,还是亲友更值得信任。

为此,我专门发了一条仅指定分组可见的朋友圈,告知朋友们,我预约上了九价HPV疫苗。结果,我的朋友们除了对我这年龄还能约九价表示震惊以外,他们不是贺喜,就是求门路,大家已然对这条短信深信不疑。

正在这时,张三又给我发来了一个银行卡号,让我把预约疫苗的费用4 680元转进这张私人银行卡。在我沉默时,他又开始向我施加压力。

"再不付款预约名额就失效了,一旦超过 15 分钟订单就会取消。"

"预约后未付款的订单会被系统判定为刷单,想再约就很难了……"

这些话让我彻底陷入纠结,万一我真的约上了,不按时付款会不会对我产生什么影响?

当我想给医院打电话询问预约订单的事时,却已是深夜……

这一瞬间,我突然理解了在无数骗局中,为什么受害者看上去都很愚蠢。

因为骗子比你想象得更狡猾。骗子让你没有把握证明他是个骗子,而且他还会不停渲染你不相信他带来的恶果。

于是,我们的逻辑发生倒错,从"不能证明他不是骗子"变成了"万一他不是骗子呢?"。恰恰就是这一刻的松动,使得受害者在最后关头放弃厘清思绪,痛快地选择无条件信任,并安慰自己可能是走了大运。

还好朋友圈里一位身经百战的小姐姐及时发现了端倪。她看到我的朋友圈之后,一个电话打过来,告诉我千万不要转账给对方。她说:"真正的'约苗'预约是不会发短信的,而是直接微信推送通知预约结果。这条用'约苗'当前缀的短信,就是它虚假的证明。"

这位小姐姐曾经为了打到九价疫苗，专门学习过预约攻略，也见识了很多诈骗案例。

其实，我遇到的这种诈骗手段，已经算是其中比较"粗糙"的。还有更高明的骗子，他们不仅会把自己的账号包装得更正规、专业，还会主动发一张手持身份证件的照片，以博取信任。实际上，这些证件照的来源，大多是不小心泄漏身份信息的网友，以及借了网贷后被打包卖掉信息的普通女孩。

有的骗子甚至下血本招聘网站设计师，仿造一个正规网站的山寨版，让人乍一看真伪难辨。

如果你多点击几个页面就会发现，这里除了 HPV 疫苗以外什么都没有，而正规网站却会提供更多其他的疫苗项目。

在网友爆出的骗子窝点照片中，不少受害者发现，那个曾经与自己姐妹相称的"知心姐姐"，其实是一个抠脚大汉。

同时，他们会盗取社交平台上光鲜亮丽的女性照片，学习女性网友的说话方式，在网上打造一个真诚可信的形象。

"各位'刘亦菲'们！九价疫苗可以预约啦！我不许还有谁打不到！"

"姐妹们，你相信我，这个渠道真的靠谱，我所有闺密都被我拉去打啦！"

但他们的共同特点是，嘴甜心硬，不关心你，只关心你口袋里的钱。

如果你向对方咨询，自己已经超过了建议的接种年龄，是否还能打九价疫苗。真正的正规医院医护人员都会建议，可以去打四价或二价疫苗。

但这对骗子来说，却无异于一面"照妖镜"。因为二价与四价这两种疫苗目前并不难预约，建议你去打这两种疫苗，只会将你送到正规平台上，从而断送他们的发财路。所以，他们会骗你超龄也能打九价，而且必须打九价，因为效果更好。

这背后的根本原因，还是许多女性对九价疫苗的急迫与执着。但这份执着，真的值得冒着被骗的风险去实现吗？

我们真的非九价疫苗不可吗？

在大多数人眼中，打 HPV 疫苗 = 打九价疫苗——这其实是一种误区。

北京大学免疫学系副主任王月丹曾表示："HPV 疫苗确实存在过度宣传的现象。"

HPV 疫苗主要预防的是高危的 16 型和 18 型 HPV 病毒，它们导致癌变的风险最高。实际上，只针对 16 型和 18 型的二价疫苗，已经可以预防 70% 的宫颈癌；四价疫苗还可以预防 90% 以上的尖锐湿疣。值得一提的是，HPV 病毒是男女双方需要共同面对的风险，不仅是女性，男性也可以接种 HPV 疫苗。

HPV 疫苗之父、2008 年诺贝尔医学奖得主、德国生物学家哈拉尔德·楚尔·豪森就建议男性也要及时接种 HPV 疫苗，这样既可以保护伴侣又可以保护自己。

可见,姑娘们与其因为自己打不上九价疫苗而焦头烂额,不如先带自己的伴侣一起去打二价或四价疫苗,这样对双方都好。

对我们来说,无论是九价、四价还是二价,真正能打到的才是最好的选择。如果你能够约到九价疫苗当然最好不过,但如果暂时打不到,你也不必为此过度焦虑。为之消耗掉太多的精力与钱财,这不仅会违背我们打疫苗的初衷,还有可能给设"杀鱼盘"的骗子留下可乘之机。

2. 包治百病的"妇科神器"?

我发现女性朋友们,普遍越来越重视妇科健康了。这是好事,但利用健康焦虑设下的圈套,也是层出不穷。

"宫寒治疗"就是常见的误区之一。许多商家会告诉你,痛经、白带异常、脸色不好,都是因为"宫寒"。他们推销的治疗方式,是用各式各样的道具"暖宫"。

我在网购平台,看见一款自称"妇科神器"的产品,坐灸仪。坐下用艾草熏一熏,就能解决大多数妇科问题。

艾灸想必大家都不陌生,在很多美容院和推拿馆,这都是基本项目。可艾灸本身起源于中医的灸法,专业的中医医师说需要懂得辨证和取穴的专业人员才能进行艾灸。

那么热销的坐灸仪,如何辨证和取穴呢?它真的有效吗?带着这样的疑问,我开启了调查。

妇科"神器"必须买,舒经通便止咳喘

调查完我发现,坐灸仪说白了就是能让人坐着艾灸的凳子,

这个东西是否有疗效先不说，但是披上科技的外衣，它真是乌鸦变凤凰，身价暴涨。

某购物平台上最常见的一款坐灸仪的月销量达到了惊人的2.5万。看宣传图就知道，这是一款主打"温宫"的产品，并且在产品描述里还亲切地问我："姑娘，你是否遇到了这些问题？"

  腰腹不适
  腹寒月月痛
  关节膝寒
  气色差

四个问题两个"寒"，仔细一想逻辑非常简单粗暴，既然你寒，我们就帮你加个热。

然而店铺客服却告诉我，这个看起来没什么技术含量的小东西远不止表面看起来那么肤浅，它除了能"暖宫"外，还能通便秘、治痔疮，甚至还能止咳。

我假装买家，问客服这个能治痛经吗？她立即告诉我坐灸仪的九大好处，还说针对女性痛经问题，效果很不错。

从痛经到宫寒，从痔疮、便秘到生殖器疾病，甚至还能给盆腔"洗洗澡"……这九大好处应该能让不少人动心了。

先不提为什么我不买坐灸仪就成"冷血动物"了，这九大好处看着就很虚，于是我问了她一个具体问题："针对泌尿生殖器隐患，坐灸仪能治尿路感染吗？"

我能感觉得到,她在面对这个问题时斩钉截铁地给出了肯定回答,甚至没有一丝犹豫。

按照她的说法,这个坐灸仪可真是全能神器啊,啥病都能治。

这款产品的描述里还有一张让我摸不着头脑的图,给同事看完之后,她们以为我要买锅,同事们还纷纷问我这个锅为什么是红色的,它看起来不像铁锅,殊不知我马上就要用它来蒸自己了。

本着"不懂就问"的原则,我向客服提出了这个问题:"坐灸仪上面放的姜和蒜是做什么用的呢?"

客服立即给我进行了一波科普。按照客服的说法,大意是老姜可以入药,能治感冒和反胃,只要坐上去就能止咳了。可我查阅了《中国药典》《中药大辞典》和《中华本草》,发现很少有方剂提及它能止咳,只有千金方提到姜蜜丸有止咳功效,且需要内服。

那么,拿姜熏下体就能止咳的言论究竟是怎么来的?单纯按药性吗?这么说的话,用阿司匹林熏一熏是不是还能退烧呢?

这家客服看起来不太靠谱,于是我又换了另一家高科技艾灸仪店铺询问,他们的产品是无烟加无线遥控,看起来高档了许多。同事看了之后点点头:"嗯……这个一看就是我妈会买的那种。"

这家客服就专业多了,和她对话的过程中,我发现我可能是个文盲,她说的字我都认识,但是放一起就不知道是什么意思了。

这家店的产品比起上一个简约版的蒲团式坐灸仪,多了很多功能,不仅能调节下半身的健康状况,还能增强免疫力、美容、祛斑、养颜，消除妇科炎症带来的痛苦。

科普完功能之后，客服立即问我看上了哪个价位的产品，然后发来了款式说明。

产品一共分三档：普通坐灸、磁疗坐灸、锗石磁疗坐灸，售价在158~218元。毕竟有了"高科技"的加持，他家的产品比其他店铺的贵了一些。

他家产品的高科技包括：ABS机身、负离子风扇、远红外光谱、人造磁场、锗石能量。

作为一个求知欲旺盛的年轻人，我当然要一个个追问它们的原理。我问客服，磁疗如何作用于人体的时候，她说："通电就可以了。"

问了两遍，她都告诉我插电就会产生效果。当我问及锗石的时候，她可能因为自身业务水平不太牢靠，车轱辘话来回说。

没办法，看来她没法给我答复，于是为了看懂她说的这些内容，我变成了无情的搜索机器。我在查阅之后发现：ABS是一种坚固且便宜的塑料，你家里用的家电的外壳基本上都是它，没什么特殊的；风扇里的负离子发生器几块钱一个，原理和打火机里的小电机一样，没有保健作用；远红外理疗作用十分有限，操作不慎还容易灼伤眼睛。

美国国家科学基金会经过研究发现：磁疗没有任何科学根据。目前已知的结论表明，任何矿物的放射，只能说微量是无害的，但绝不会有益。

所有高科技名词加起来，俗称"智商税"。

我接下来又陆续了解了一些产品，有一些商家发在社交媒体上的帖子更为夺人眼球，他们声称巧克力囊肿、腰椎间盘突出，还有宫颈糜烂都能治，患者用了他们的仪器都不用去医院了。

我们知道，宫颈糜烂本来就不是一种病，而是一种生理现象。那腰椎间盘突出和巧克力囊肿它是怎么治的呢？经客服描述，巧克力囊肿是"阴气化形"，只要用"阳性"的艾灸熏一下就能把囊肿化掉，他们利用的是"阴阳相克"的原理。

可问题是，巧克力囊肿是子宫内膜异位生长形成的啊，如果能把囊肿化掉，子宫内膜不也得一起化了吗？

她还说，腰椎间盘突出是因为肾虚缺血，导致腰上的大筋勒不住骨头，骨头就突出来了。这种通俗易懂接地气的解释我头一次听说，但她可能不知道，"腰椎间盘"根本不是骨头。腰椎间盘是髓核、纤维环和软骨片构成的骨间结构，我们所说的腰椎间盘突出实际上是髓核突出，它甚至都不是固体，而是一种胶状结构。

这些一看就知道是虚假宣传的产品我们先略过。为了探究坐灸仪的真实作用（实践出真知），又不用交太多智商税，我购买了简约大气的蒲团式坐灸仪（主要是因为穷）。

它的使用体验如何？让我们来一窥究竟。

蒲团一坐冒青烟，办公室修仙乐无边

拿到坐灸仪，我按照卖家说的，点燃4根艾柱。在点燃艾柱的过程中，围观的同事全都被呛跑了，剩我一人在艾烟中流泪。

点燃后，盖上盖子，看着青烟缓缓升起。在上面坐着，除了感觉屁股暖呼呼的，并没有人们所说的诸如"有气流在蹿"的灸感，反而不到几分钟就被烟气熏得有点儿睁不开眼。

我准备把它熄灭的时候，一开盖，扑面而出的艾烟直接把我呛得咳嗽不断，眼泪瞬间飙出来，不说别的，止咳这个事就不必说了，不可能。再一看盖子，短短几分钟的时间，盖子已经被熏黄了。

就这还是卖家推荐给我的品质最好的艾柱。而且，我在买家评论区看到，很多姑娘是不穿衣服坐着熏的，这样的操作真的没有问题吗？

起码社交平台上就有反馈，说有人熏过之后出现了阴道炎，但是卖家解释说这是身体在排"脏东西"。

那么，从科学角度来看，艾烟卫生吗？我查完资料发现，艾柱的燃烧会产生大量烟尘、焦油以及高浓度二氧化硫、氮氧化物，同时还有致癌物质多环芳烃。

成都中医药大学的相关研究表明，长期吸入艾烟会对体质、呼吸系统及五官部分产生影响，且随着艾烟接触的严重度，情况逐渐严重。

有人说，不能这么武断地下结论，说一个东西不好，是药三分毒，它有毒也可能有益。

那么，坐灸仪真的有用吗？我带着这样的问题去请教了专业的中医科医生。

艾灸到底怎么用，专业中医来解惑

我采访了一家北京著名公立医院的针灸科主治医师，她说我的问题会触碰很多人的利益，所以要求隐去她的单位和姓名。

趁着做针灸的空当，这位医生给我简单地讲了讲艾灸这回事。

艾灸作为一种传统诊疗手段，确实有它的历史地位和存在价值，它在调节脾胃问题上比较有效，主要依靠局部热刺激来起效。但是，这种手段在针灸科临床运用得很少，因为它适用范围窄，起效也远不及针灸快，很多人也接受不了艾烟的味道，所以一般只有患者要求做艾灸，他们才会用艾灸治疗。

我提到社会上很多养生馆说艾灸能治很多病症，甚至包括不孕不育。没等我说完，这位医生就打断我，她说外面那些商家肯定都是夸大其词，要不怎么让患者乖乖掏钱？

这位大夫还叮嘱我，艾灸最好还是到专业医院来做，因为外面的从业人员即使知道人体穴位在哪里，也未必真正清楚你患的是什么病症。艾灸诊疗，辨证和取穴缺一不可，切不可自行诊断。

当我把我买的坐灸仪照片拿给她看的时候，她扑哧一下笑了，说："买这个是为了体验仙气飘飘的感觉吗？"她接着忍住笑意跟我说，其实这种坐灸仪对于缓解痛经可能真的有帮助，因为热敷会提升疼痛阈值，加快局部血液循环，缓解肌张力，从而达到止痛的效果。

这些科学道理我听起来有些吃力，请医生说得尽量简单一点儿，她眨了眨眼睛认真地说："你买一个热水袋，效果比它好。"

也就是说，治疗痛经的，不是坐灸仪，而是热敷——用热水袋、暖宝宝照样能达到一样的效果，还不用忍受难闻的烟味。

谢过医生之后，我回到家又查了很多与艾烟相关的文献。我发现，2012年，香港中文大学、威尔士亲王医院等机构合作的一项动物实验研究结果发表在《人类生殖》(Human Reproduction)杂志，他们通过给怀孕的田鼠喂养常用草药以评估草药的安全性。

其中涉及艾叶的实验结论是：艾叶在田鼠早期妊娠期间会产生更多的不良反应；在胚胎植入后期，母鼠体重增长明显慢于对照组，且早期胚胎吸收率（即死胎率）提升，研究人员同时还观察到显著的胚胎致畸性增加。

北京中医药大学开展的艾烟毒理学实验也表明，中、高浓度反复染毒会损伤肺及呼吸系统，对大鼠的代谢、免疫有一定的毒性。

随着艾烟浓度的增高及染毒时间的延长，艾烟还可能具有遗传毒性，在使用艾灸进行治疗时应努力控制艾烟浓度及接触时间。

各项实验其实都在印证前面那位医生说的话——如果你真要做艾灸治疗，一定要去专业的医院去做，否则治不了病是次要的，如果使用了有质量问题的艾柱，或控制不好艾烟的浓度，反而会对你的身体造成伤害。

至于网上卖的这些坐灸仪？我又看了看艾柱上的说明书，它写着："缓解四肢、腰部及小腹冷痛等不适症状"。说白了，就是靠热敷来缓解疼痛，那么我为什么不买一只更便宜且便携的暖水袋?

坐灸仪唯一的好处可能就是能让你体验一下仙气飘飘的感觉，但是它有点儿呛。

不说了，我去"修仙"了，希望你能健康，且捂紧钱包吧，我的朋友。

3. 过度绝食就能轻松减重吗

　　一项源于古代道教的"神秘法术",在现代生活中被奉为万能灵药。女孩们把它视作快速减肥的法宝,中老年人看到了延年益寿的希望,都市金领将它当成社交秘籍……

　　但如果你甘愿而虔诚地向它奉上人民币,那么收获的可能不是强健的体魄、被涤荡的心灵,而是未知的危险。

什么是辟谷?

　　这项在现代饱受欢迎的秘术,名为"辟谷"。

　　在贴吧衰落的时代,"辟谷吧"仍保持着相当的活跃度,有5.7万人关注,累计发帖39万次。

　　在年轻人聚集的新兴社交平台,它更是直击当代人的痛点,被热捧为"最高效的减肥法"。

　　热心分享"辟谷经验"的人,打着大同小异的标题,用数据呈现最直观的效果——"7 天瘦 15 斤""20 天瘦 20 斤"最后再强调一下是"亲身经历"。

有一阵，辟谷的讨论热度上升，主要因为大明星的鼎力推荐。某女星在其视频里提到："我辟谷后 7 天瘦了 12 斤。"

她的这段自述，在社交媒体上获得了十几万的点赞。评论区里，则挤满了大呼"学到了"的女孩。她们跃跃欲试，想要复刻这样的瘦身神话。还有更多明星，用其美丽的照片亲证辟谷的神奇。

有了名人的范例，如果再加上亲朋好友的亲身佐证，在这样的双重夹击下，就算你的内心还有一丝疑惑，也会忍不住打开网页开始搜索——辟谷是什么？

"辟谷"，顾名思义就是"不食五谷"，即不吃五谷杂粮。它历史悠久，主要分为两个流派。一种是不断食，以药食等方法作为代替去调理身体；另一种则是在 7 的倍数日内断食，比如 7 天、14 天、21 天等，不吃东西只喝水，再通过调整饮食结构的方式去出谷。现在大家讨论的，基本是后一种。

断食的目的，是给身体制造错觉，一种"饥荒"的错觉。为了度过"饥荒"，身体会开始消耗紧急情况下才会用到的脂肪与热量，并保持低的新陈代谢。而这带来最直观的影响，就是体重的骤降。

辟谷，其实和另一种流行的减肥方式"生酮饮食"有些相似。但有"过来人"认为辟谷更高级："节食、补气，还晒太阳，比单纯的生酮高了好几招。"

辟谷乱象

但不是每个人都能坚持多日不进食。

哪里有需求,哪里就有市场。在购物平台搜索"辟谷餐",弹出的商品五花八门。从芝麻丸到葛根粉,从酵素到奶昔,成交量从几千到几百不等。

眼熟吗?眼熟就对了。这不过是减肥代餐贴上"辟谷"后的摇身一变,其中还不乏许多我之前就揭露过的产品。

辟谷的食谱缺乏统一的模板,自然就方便了商家钻空子。加上相应的标签,再宣传宣传减肥养生的功效,一件"辟谷代餐商品"就被包装出来了。

有些女孩为了达到更好的辟谷减肥效果,同时也想找人监督自己,于是转而求助"专业指导"。但迎接她们的,却是一场谋财害命的骗局。

我从网上看过一张辟谷培训班的课程价目表,上面写着新学员的集体辟谷,是 2 380 元/次。而新学员的私人订制,更是达到了惊人的 1 万元/周的天价。

有记者以学员的身份,潜入了这家机构。辟谷班的讲师,自称是药王的"第 61 代传人",还有"国家高级辟谷养生指导师"的头衔。

在培训现场,学员不能吃任何食物,而是通过练习一套功法,去"采集宇宙能量"饱腹。

"辟谷吃的不是饭,是服气,靠采集宇宙能量,满足人体的各种营养需求。"

"就像花草树木一样,什么都不吃,阳光、空气、水就能让它们生长。"

在这类培训班的宣传里,任何人都能通过辟谷来治愈疾病,就连白血病和癌症都不在话下。除了身体,就连心灵也能一并洗涤。

人和植物的区别,相信你只要学过高中生物都能说出一二。而连医学界都难以攻克的疑难杂症,就更不可能通过辟谷就轻松解决。

如果只是浪费了钱和时间,我们还有及时止损的机会。但有人却对此深信不疑,甚至为此丢掉了性命。

在黑龙江一个康养中心里,27岁男子辟谷54天后突然身亡。负责人刘尚林告诉学员:"辟谷是为了排毒,因为人吃鸡鸭鱼肉,会产生怨恨,怨恨就是毒素,只有通过辟谷才能排毒。"讽刺的是,他自己却顿顿不离肉,辩解自己是"现世活佛",能够化解毒素。

学员在辟谷期,只被允许饮用指定牌子的山泉水。这个牌子的山泉水价格昂贵,一箱要96元。而这个山泉水,正是刘尚林管控的企业所生产的。

死亡事件发生不久后,刘尚林因涉嫌利用迷信致人死亡罪被逮捕。他的身后,还有30万学员在等待他的"救赎"。

你的焦虑,他们的生意

我们都知道,人体并没有那么多"毒素"要排,更多时候只是进行正常的新陈代谢。

辟谷接近的是有一定科学依据的"轻断食",但这仍旧是一种基于个体经验,没有临床证据的生活方式。大多数把辟谷当作减肥捷径的人,走的还是节食的老套路。过度节食带来的问题,辟谷断食一样都不会少。

7日不进食或极少量进食,体重秤上的数字自然掉得快。但看不见的伤害,却匿迹在看似正常的身体状况之下。

如果你期盼着辟谷后能维持住体重,那它可能不是适合你的方法,因为有人发现辟谷复食后,自己胖得更快了。

除了部分人报复性饮食导致增重,身体在经历"饥荒"后,为了应对未来相同的情况,各个器官也会在日常生活中把更多的热量储存起来,因此会引起体重的加倍反弹。

此外,肠胃的正常运作同样会受到影响。长时间的不进食,会让消化道变薄。一旦正常饮食,就容易被食物戳破导致穿孔。

对于这点,消化和代谢外科医师赵承渊也表示:"反复断食会导致胃的节律性活动被打破,胃酸在没有食物的情况下不适当分泌,会加重溃疡病情。如果肠道长期无事可做,会导致肠黏膜萎缩,肠道抗病能力下降,定植在肠道的正常菌群也会跨越肠道的屏障进入血液造成全身感染。"

而且,过度节食还会导致眼窝凹陷、皮肤松弛、面部塌陷、脱发、便秘、闭经绝经等一系列后果。

辟谷更不是适用于所有人的万能良方。对于患有营养不良、严重高血压、糖尿病、心脏病、精神病、严重肝肾功能不全等基础疾病的人，更是危险。尤其是糖尿病患者，如果尝试辟谷，很有可能会引起酮酸中毒而危及生命。

我理解，辟谷作为小众生活方式，原本承载的是精神上的修行。但它被有心之人包装成解决问题的"万能钥匙"，利用的却是当代人的焦虑——不够瘦的烦恼，忙得无暇照顾身体，对衰老和疾病的恐惧……尤其对于许多渴望更瘦一点儿的女孩来说，这就像是一条能迅速通往瘦与美的捷径。

然而，这种急于求成的心态，往往会成为他人的财富密码。况且，越是紧张迫切地追求"完美身材"，越容易被执念所捆绑，变得自我厌弃。

在查询这些资料的过程中，我看到有很多女孩在减重十几二十斤后，仍然对自己的体重不满意。她们不但想要通过辟谷去减重，还许愿在辟谷后能患上"厌食症"。

当我们为了美丽的概念，而不惜与自己的身体为敌，并不一定能"掌握人生，从掌握身材开始"。相反，这是把定义自我的权利拱手让人，失去了对身体的掌控力。

辟谷减肥并不是一辆通往自律成功的直通车，也无法带你到达人人艳羡的美丽秘境。这辆车开得越快，你就离真正的自我越远。

4. "美白针"真的安全吗

俗话说,"一白遮百丑",人类在追求美白的道路上从未停歇。

中世纪的欧洲,贵妇为了变得更白,主动感染肺结核;中国古代,大户人家的女子会用一种叫"铅"的重金属当粉底;非洲一部分地区,贫困女性不顾官方禁令,花光积蓄抢购漂白剂……

听上去很荒谬对不对?其实,这种狂热至今仍没有离我们远去,市场上依然有大量新型"美白陷阱",正在"收割"当代女性的钱包,甚至生命。

时髦的美白针,到底有多危险?

随着科技的发展,医美已进入大众女性的生活。比起传统的涂抹式护理,先进的仪器、国外进口的药剂,似乎更容易赢得消费者的信赖。美白针,就是备受欢迎的项目之一。这种美白方法,最早出现在 2006 年。台湾明星大 S 在《美容大王》一书中,透露自己经常用它来提升皮肤状态。一夜之间，美白针风靡亚洲，诸多美容机构争相推出"明星同款美白针"。

而就在女性庆幸自己掌握了"灵丹妙药"时，危险却在悄然滋生……

2014年，台湾一名舞蹈从业者张女士在打完美白针后，高烧不退、上吐下泻，被诊断为急性败血症。

2016年，绍兴诸暨的顾女士在打完美白针的第二天，就开始发高烧、上吐下泻，被医生诊断为肾衰竭，险些丧命。

2016年，家住连云港的张女士，被美容师推荐了明星同款美白针，据说可以让皮肤变得光滑白皙。可她注射后，面部却出现红肿瘙痒的症状，经治疗才得以避免毁容。

很多人会觉得，这只是当年的医美水平参差不齐，使用三无产品等乱象造成的结果。现在的美白针技术，已经发展得足够成熟，只要选择正规医美机构，就可以完全放心。但是，事实果真如此吗？

2021年，家住乐山的袁女士花费5 000元，在一家医美机构购买了美白针服务。据她透露，在前几次输液时，她就感到皮肤刺痛、头晕，但"医生"却告诉她这是正常现象。

在第四次输液回家后，她浑身又痒又痛，睡眠质量也日渐下降。一年内，她跑遍了十家医院，诊断出了十几种疾病。

天津医科大学第二医院整形外科主任医师李钢曾在接受《科技日报》采访时表示："目前，市面上的美白针大都是三无产品，长期使用会出现不良反应。"

不仅在我国，在美国、法国等国家，很多"美白针"项目均未获得过权威机构的批准认证。美白针的主要成分是还原型谷胱甘肽、氨甲环酸（传明酸）、维生素 C，最初在临床上作为凝血剂使用，用来治疗白血病、再生不良性贫血、紫癜、术后异常出血等病症。

换句话说，肤色发白，只是药物暂时的"副作用"，一旦停止注射，又会回到原来的肤色。这些药物的成本只需要几十元，但被包装成"美白针"后，其身价却暴增到几千元，甚至上万元。

不少利欲熏心的医美机构，在未取得法律许可的情况下，向消费者提供所谓的"进口美白针"。但是，他们对剂量把握、对消费者身体状况的评估常常不够严谨。因此，市面上从来不存在靠谱的"美白针"，酿成医疗悲剧，只是概率问题。

那么，只要我们避开这些没有安全保障的产品，就能万事大吉了吗？

一些商家可能比你想象得更狡猾——他们不仅表面上合规合法，还能让你看上去"毫发未损"，实际上大伤元气。

不伤身？伤钱也不行！

安全，不仅仅是一种生理需求。拼命赚来的钱，同样需要我们严格守护。如今，市面上一些美白产品，看似人畜无害，却是实打实的"钱包小偷"。

美白丸

美白丸最早从日本传入中国，被众明星、网红博主疯狂追捧。

进口版本的美白丸,一个疗程上千元,算下来一粒就要七八元。至于美白效果却众说纷纭,有人认为确实明显变白了,有人则表示毫无改善。

日本当地一位博主,搜罗了互联网上关于美白丸的评价后发现:50% 的人表示毫无效果,50% 认为有效果的人,也就是变亮了一点点——其实睡觉也能达到同样功效,还免费。

我国一位知名主持人也曾在综艺节目上表示,她为了美白,吃过美白丸,"结果越吃越黑"。

其实,市面上的美白丸分为两种,其中一种主要美白成分是 L-半胱氨酸,它确实有一定抗氧化、抑制黑色素的作用,但美白效果不显著,只能轻微提亮肤色。另一种以维生素 C 为主要成分的美白丸,的确有些许美白功效,但它的维生素 C 含量远远超过人体每日摄入的最大量,容易引起坏血症、经期紊乱、半胱氨酸刺激呼吸道等副作用。

然而,即便你愿意冒着副作用的风险,去追求微乎其微的效果,停用后,照样会迅速反黑。美白丸实属当之无愧的"智商税"。

美白舱

美白太空舱、美白舱又叫红光美白舱,是近年来新兴的美白仪器。做一次的价格,在几百元到上千元不等。

据商家介绍,只要躺进这个仪器内,经过红光的照射,就能让你的皮肤变得白皙透亮。听上去似乎很厉害,但真相可能会让人大失所望。

为了搞明白这个"高科技"到底是什么原理,我还亲自去体验过一次美白舱。到店后,我先被要求洗了两次澡,再涂抹美白霜,真正进舱照射的时间大概只有20分钟。出舱之后,又被要求洗了一次澡,商家还贴心地为我准备了身体乳。

做完一整套的流程,我的确肉眼可见得白了一个度,但这并不是美白舱带来的效果,而是洗三次澡、涂美白霜、身体乳的联合功效。

我满心欢喜地回家之后,发现一件令人尴尬的事——因为流汗,我的腿上竟然出现了几条黑印子。

真相是,变白只是特制身体乳中含有的二氧化钛,起到的暂时粉饰作用。汗水流过的"黑印子",才是我真实的肤色。

搜索了大量资料后,我才搞明白这所谓的"高科技"——舱内照射的红光,其实是我们生活中非常常见的LED灯管。尽管在医学上,LED红光的确有治疗脓疱、结节、皮疹等皮肤病的作用,但它的美白效果却微乎其微。

天津中医药研究院附属医院医学美容科主任、主任医师李敬介绍:"临床上很少用LED红光来对正常皮肤进行美白治疗,因为它对正常皮肤的美白效果是有限的。"

我打电话询问商家,得到的回复却是:"做一次确实看不出效果,至少要一个疗程才可以。"因为我这次用的是优惠后的体验价,如果购买一个疗程(10次)的话,大约要花费9 000多元。"还可以分期付款,"商家"贴心"地说。

这让我不禁感到后怕,假如我没有发现身体乳营造的"假白"

表象，会不会真的有可能脑袋一热，刷卡付钱了？

除此之外，市面上还出现了大量的"美白排灯"，也是生活中常见的 LED 灯管。在商家的包装下，它们摇身一变，成了身价千元的美容仪器。

到底怎样才能正确美白？

严格来讲，世界上并不存在所谓的"美白"，只有还原肤色。想知道自己最多能白到什么程度，你可以参考胸口、大腿内侧、大臂内侧的皮肤。

很多人认为，皮肤黑是因为黑色素细胞太多，这是一个常见的误区。事实上，所有人种的黑色素细胞数量基本相等，即便是肤色跨度最大的黑种人与白种人，也同样如此。

真正影响肤色的，是由黑色素细胞分泌出的黑色素颗粒。黑色素颗粒越大、越靠近皮肤表层，肤色越深；反之，肤色越浅。而黑色素颗粒的大小、排列，一部分源于基因遗传，另一部分与后天防护有关。大部分黄种人的"黑"，正是后天防护不足造成的。

正常情况下，为抵抗紫外线而分泌出的黑色素颗粒，会在 28 天左右消退，肤色也将恢复正常。但长期暴晒，也会让黑色素颗粒越来越顽固，长达一年无法消退的例子也不罕见。

坚持正确防晒，才是美白的第一步。假如有任何一种美白产品，宣称能让消费者人人拥有"冷白皮"，那必然是骗局。

5. 贴身内衣究竟该如何选

炎热的夏天，姑娘们最纠结的事，莫过于到底该不该穿文胸了。

穿了怕热，不穿又担心胸部下垂。其实，胸部是一定会下垂的，就像我们身上任何一处皮肤，随着衰老，皮肤组织的弹性会下降。并且，如果你是较为丰满的女孩，胸部脂肪饱满，因为重力，下垂也是必然的。

但是，胸部的下垂，与戴不戴文胸无关。

一些宣称可以"防止下垂"的功能性文胸，其实也只能暂时性地提拉，并不能对抗重力。而且，紧绷的文胸会压迫乳腺，不利于健康。然而，不少女性对正常胸部的形状、文胸的功能都存在误解。

那么，到底应该如何选择贴身内衣？从生理科普角度来说，"胸部下垂"又到底是怎么一回事？

怕胸下垂？穿胸罩也没用哦

要证明胸罩和胸下垂并不相关，我们先要搞懂"胸部为什么会下垂"这个问题。

其实下垂这事儿，不能怪胸，主要得怪地心引力。只要我们生活在地球上，就（难免）胸部（不会）下垂。同理，屁股、脸等身体部位都会下垂。女性的胸部，由于突出所以垂得格外明显。

学过物理的人都知道，地心引力和物体质量成正比。所以胸越沉（大）越容易垂，这个世界还是有点儿公平的。

除了外因，乳房悬韧带的松弛也会加速胸下垂。悬韧带相当于藏在皮肤里拽着乳房的小皮筋，如果皮筋松了，胸自然就抬不起了。

哪些情况会加速女性胸部的"一蹶不振"呢？

哺乳

一般女性在哺乳时，乳汁会把胸部的纤维组织撑长，悬韧带也随之被拉伸。当哺乳期过去后，被拉长的部分没法完全恢复原状，就跟把皮筋抻到没松紧了似的，不下垂都难。

减肥

有的妹子节食减肥，或由于其他原因导致体重掉得过快，就会导致体内蛋白流失和皮肤的松弛。

年纪大了

人上了年纪后，所有机能都在退化，悬韧带会老化，皮肤也日渐松弛，胸部的下垂程度简直肉眼可见。

所以，若想靠穿胸罩对抗地心引力和身体机能的变化，是不是有点儿痴心妄想？

如果真有心让你的胸不挺阔，首先别过度节食。在这里我先给大家讲一个悲伤的故事——我就是典型的减肥先减胸。

若想瘦身或保持体重，你需要正常吃一日三餐，只吃到七八分饱，不碰油炸食品和零食，适当吃主食。提高蛋白质的摄入是基础，剩下的就要靠造化和打拼了。

其次，你可以做做针对胸部的运动，跟着健身软件一起练或去健身房找教练请教都行。

再次，不妨试试按摩。我查到的方法是，三指并拢，以乳头为中心，由乳房外缘向内侧画圈。感兴趣的读者可以去搜搜具体的手法，主要我也没研究过，不好言传身教。

按摩胸部虽能促进血液循环，但肯定没法立竿见影地防止下垂，不过坚持做应该有好处。

如果你的胸下垂程度比较严重，做手术效果肯定会更好。不过作为一个保守的人，我个人不建议这种方法。

既然胸罩不能抵抗地心引力，那么……

穿胸罩到底有何用？

就这个问题，百科网站给出的答案相当诚实——穿胸罩可以为胸部提供外部支撑，免得晃来晃去。这可完全不像某些胸罩厂家宣传的那些花里胡哨的效果——提拉、聚拢、侧收……

这一点很好理解。如果你跑步时没有胸罩的固定和支撑，任凭胸部随着步伐的节奏摇晃……半个小时下来，你要么会感觉坠得难受，要么会觉得胸疼。这个例子告诉我们，无论多任性，运动时你也务必要穿运动内衣。

除此之外，美观、遮蔽、塑形等因素也成了女人穿胸罩的原因。如果没有胸罩，任谁都难有傲立的胸部。

如果没有胸罩，你还可能面临"激凸"的尴尬。目测现阶段大多数人，都没法不盯着对面人激凸的点看。

作为"不爱穿胸罩协会"的一员，为了避免激凸尴尬，乳贴可以说是一大"神器"了。

如果是穿低胸装，我会选择有一定聚拢效果的；如果只是日常上班，一般会用更轻薄的款式，秒速扣在乳头前就搞定了。

在用乳贴前，一定要确保身体对材料不过敏，还要记得勤换或者勤洗。至于是选小星星、小花朵、小蝴蝶……黑色、白色、肉色，那就随个人爱好吧。

有种说法是，乳贴的材质如果不透气，长期佩戴可能引起皮肤问题。因此，选择时要根据个人体质和使用后身体的感觉及时调整。

胸罩有时不是必需品

在胸罩加身的日子里,不便之处不言自明——我有一次上班时,因为一个懒腰就让胸罩后钩错位,只能颠颠儿地跑到卫生间重新系好;还有一次坐公交,当时特别挤,挤到把我胸罩的钢托都顶出来了。冰冷的钢托戳着皮肤,似乎对准了我的心脏。于是,我的思绪开始飘飞:如果公交车来了个急刹车,钢托会不会扎到肉里?我会不会成为第一个死于自己胸罩的人?

在束缚感、闷热感、恐惧感的驱使下,我回家后第一件事儿就是摘胸罩换衣服。有时在楼道里,我一手掏钥匙,一手解胸罩。

当看到乳腺外科医生说"穿胸罩并不能防止下垂"后,我有点儿窃喜。作为一个特别不爱穿胸罩的人,我终于有正当理由了。

关于"不穿胸罩"这事儿,我还看过一篇文章,内容大概讲的是,法国有位叫让·德尼·乌永的教授做了个长达 15 年的实验,他跟踪了 300 多个年龄在 18 到 35 岁之间的女性,发现不带胸罩反而让她们的胸部更坚挺了。

看到这项研究后,你的手是不是已经摸到背后开始解挂钩了?

先停下,别冲动,事实可能并非如此。我特意去找了下相关的研究文献,结果发现了一个很搞笑的点。

的确有个法国科学家做了一项长达 15 年的实验,研究不穿胸罩对女性胸部的影响。但这个科学家根本不叫让·德尼·乌永,而是叫让·德尼·鲁永。

中文报道用红字写着"不戴胸罩的女性,乳头与肩膀的距离平均每年增加 7 毫米。"而原文中并非这个意思,它表达的是"女性乳头和肩膀的距离相对变化了 7 毫米。"

"腾讯较真"平台也曾发文批判过这篇内容。不光是翻译过程中歪曲了原文的意思,它还指出原文虽发表在《纽约时报》《卫报》等多家知名媒体上,但学术期刊里并没发表过这篇文章。

这就有点儿尴尬了,因此,如果你以后看到这类国外研究,还是试着追根溯源为好。

这和我们小时候玩的传话游戏是一个道理:倒了几手的信息,难免掺杂着太多"调料"。

至于到底要不要穿胸罩,我很喜欢下面这段话:

> 穿不穿胸罩,其实全凭个人喜好。内衣的发明本来就是为了体现女性曲线美,和胸部下不下垂无关。这就跟穿内裤不能防止臀部下垂,戴口罩不能抵挡面部松弛一样。

所以这件事的决定权全看你自己。健康和舒适才是最重要的啊,我的朋友!

参考资料

1. 中国日报. 女子信用卡被境外盗刷 她这样自救挽回损失5万多[EB]. (2016-10-20)[2023-05-01]. http://www.chinadaily.com.cn/micro-reading/2016-10/21/content_27132391.htm.

2. 凤凰网. 女子从未用过信用卡 蹊跷欠款一万多后自杀[EB]. (2015-04-15)[2023-05-01]. https://hb.ifeng.com/news/cjgc/detail_2015_04/15/3785106_0.shtml.

3. 上海证券报. 重磅!最高法:银行卡被盗刷可索赔,信用卡合同不能埋"地雷"[EB]. (2021-05-25)[2023-05-01]. https://news.cnstock.com/news,bwkx-202105-4708173.htm.

4. 人民网. 北京黑中介连环套骗局:先骗租后打隔断群租[EB]. (2014-01-20)[2023-05-01]. http://house.people.com.cn/n/2014/0120/c164220-24165366.html.

5. 人民网. 上了中介当,维权咋这么难[EB]. (2016-11-15)[2023-05-01]. http://paper.people.com.cn/rmrb/html/2016-11/15/nw.D110000renmrb_20161115_1-16.htm.

6. 央视网. 200元"网购赔偿金"没拿到,小伙被骗走1万3千元[EB]. (2017-12-18)[2023-05-01]. https://news.cctv.com/2017/12/18/VIDEOk4r1pA2Y1PTBXUVodG171218.shtml.

7. 澎湃新闻. 小红书用户信息遭大面积泄露:至少50人被骗,总额近90万[EB]. (2017-06-14)[2023-05-01]. https://www.thepaper.cn/

newsDetail_forward_1708229.

8. 澎湃新闻.42名消费者起诉亚马逊：官网被植入钓鱼网站，多人被诈骗［EB］.（2017-11-12）［2023-05-01］.https://www.thepaper.cn/newsDetail_forward_1860186.

9. 李双，李明珠，丛青，等.人乳头瘤病毒疫苗临床应用中国专家共识［J］.中国妇产科临床杂志，2021，22（02）.

10. 周自广，宋云焕.四价HPV疫苗预防尖锐湿疣的meta分析［J］.山西医科大学学报，2011，42（01）：81-83.

11. 韩丽.艾烟的毒理学实验研究［D］.北京中医药大学，2013.

12. 李鸿儒.长期吸入艾灸烟雾对成都地区医护人员健康情况影响的现况调查［D］.成都中医药大学，2013.

13. 黄凯裕，梁爽，胡光勇，等.局部热刺激的生物学效应与艾灸温通原理［J］.针刺研究，2015，40（06）：504-509.

14. 王倩，田颖.生酮饮食的减肥机制和潜在危害［J］.美食研究，2021，38（01）：71-75.

15. 人民网.起底辟谷培训班：练功代替吃饭 点穴针灸治百病［EB］.（2022-04-01）［2023-05-01］.http://society.people.com.cn/n1/2022/0401/c428181-32389961.html.

16. 搜狐网.讲真，我们到底要不要穿胸罩［EB］.（2016-4-12）［2023-05-01］.https://www.sohu.com/a/68815370_296504.

后记

赚钱，是为了拥有选择的自由

大家好，我是"正经搞钱"栏目的作者刘三片。现在回头看，这个栏目出现的渊源，或许可以追溯至上学时期。

硕士期间，我研究的方向就是少数民族地区贫困女性的脱贫问题。硕士毕业论文则是基于阿马蒂亚·森可行性能力理论背景，研究少数民族地区处于贫困状态的女性，在脱贫后，生活究竟发生了怎样的改变。

这里面说的"可行性能力"，指的是一个人可以拥有自由选择的权利，包括受教育权、接受医疗服务的权利、选择配偶的权利等。

阿马蒂亚·森认为，其实一个家庭的富裕与否，不能完全真实地表达家庭中女性的处境。在世界的绝大多数地方都不同程度地存在着性别不平等现象，家庭成员中的女孩、妇女的利益不同程度地存在着被忽略的情况，所以，她们的被剥夺程度并不能够用家庭收入恰当地表现出来。

因此，单独把女性作为一个研究主体，去研究"收入"与"自由选择"的关系，就是一件非常有必要且稀缺的事了。

我想，在田野调研中遇到的一些真实案例，可以更好地表达这拗口的学术术语。

在云南省楚雄彝族自治州永仁县，我采访了当地一位女人大代表，"80后"的她被村民们赞为"彝山致富的领头雁"。她带领村里30多名彝族女性通过刺绣致富，她们利用农闲加工订单，每位绣娘收入在几千至上万元不等。

在她的合作社里，经常聚集着一起刺绣的女性，针尖熟练地在绣布上跳跃，她们还不时拉拉家常，聊聊彼此的针法。

她告诉我，现在日子跟以前不一样了，以前没钱只能用村里的祠堂刺绣，还被村里人驱赶，说女性进祠堂侮辱了先祖。那一次，她们第一次鼓起勇气，跟村里的权威谈判。虽然不是每一次反抗都会成功，但对基层女性来说，敢于反抗，开始说"不"何尝不是一种伟大的进步。

或许，女性实现了财富自由，不仅仅是可支配收入的提高，更多是拥有了话语权和敢于表达的能力。

同样的情况，在内蒙古自治区的甘旗卡镇再一次得到了印证。

在当地，我曾采访了一个因获得妇女小额贷款而实现脱贫的女性，或许在她身上，我们可以理解到，小额信贷是如何帮助女性摆脱贫困的。

第一，或许是女性获得贷款的成本更高，这使得她们更加珍惜这笔资金，她们更加务实，会选择从事投入小、回本快的项目，如养鸡、美甲、服装等。

第二，她们的成功，对村中其他女性极具带动作用。事实是，那些成功的女性都会最大限度地反哺社会，比如建立女性商会，帮助更多处于贫困中的姐妹。

第三，当地银行工作人员跟我说，妇女小额信贷的还款率远高于普通信贷，5 年以来，从未出现有女性贷款人不还款的情况。

对贫困女性来说，收入的提高，更像是跨过了一个门槛。在更宏观的语境下说，迈过这道槛，她们都拥有了更多可选择的自由。她们的意识开始觉醒，开始表达自我，也可以选择去上学、去参政。

"正经搞钱"这档栏目，让我可以顺着我的硕士研究方向，在更大范围内关注女性与搞钱这一话题。我发现，收入提高对于都市女性也具有非常重大的意义。

那个在读硕士期间帮别人起英文名的女孩，身上的标签越来越多，从英文名设计师、留学咨询师再到留学公司老板、高校老师、国企员工。她说正是那份小小的副业带来的小收入，让她可以在每一个选择的分岔口，敢于跟随自己的内心。

在鹤岗开独立咖啡店的阿怪，最近门店刚刚乔迁新址，她说这次不用像 3 年前那样着急开业，希望能打造出她心中咖啡店最完美的样子。

这些故事真的给了我很多感触，女孩努力赚钱，除了给自己更好的生活，更重要的是拥有了拒绝一切不想要的生活的底气，而且有能力去探索更广阔的世界。

就像那位带领村民脱贫的人大代表跟我说的那样："人啊，在吃不饱的时候就是为了吃，吃饱喝足以后，你就会去考虑尊严。"

或许，当越来越多的女性拥有了更多的可支配收入，她即使对眼下的生活感到倦怠，也不会陷入绝望的泥沼。

附录

后来,她们的故事

《在鹤岗开独立咖啡馆》主人公
阿怪

"隔壁咖啡馆"即将在鹤岗开业三年了,当初开店,一方面是因为喜欢咖啡、心怀咖啡梦想,但更主要的是为了谋生。这几年因为开店认识了很多朋友,得到了很多顾客的认可,这其实是比赚钱还开心的事儿。

目前,店铺正要迁址,新店址选在了一个不是主街的位置,其实没有原来老店的位置好,但是考虑到了一个重要因素——好停车。老店的位置在市人民医院附近,停车场每天都被病患家属和医院的职工停得满满当当,顾客停车相当不方便。

而且我心里对老店的装修一直不满意,空间、布局都有限,正好借着迁址装修,升级和增加一些产品。店里的咖啡及其他饮品、甜品,还有一些轻食、设备都要升级,正式开启"隔壁2.0"。

这次开业我虽然期待但没有三年前那样着急,心里想的是一定要准备好,希望把它打造成我心中那个完美的样子。在开业之前，我们打算出去学习一趟，这一切的目的其实都是不辜负顾客的喜欢，对顾客负责，让大家喝到更好喝的咖啡。

《"丑东西"也惹人爱》主人公
胖虎

因为我工作比较自由，所以有很多时间做自己喜欢的事。其实一开始就是觉得好玩，想做点儿不一样的东西，又觉得丑东西很特别，随手把做出来的成品发到网上去，结果受到很多朋友的喜欢，这让我在做丑东西方面有了小小的成就感，而且这些丑东西也给我带来了额外收入，我觉得这是一件非常棒的事情！这些"丑机壳"是要一个一个手工做的，还会根据不同的要求定制，有时候做一个手机壳要花上几个小时，产量并不高，但是我已经很满足了。等后续有空了我会出做手机壳的教程，让大家学着自己做，希望大家也可以拥有自己的"丑机壳"！

《城市角落的浪漫庄园》主人公
倩倩

经营农场这几年，我的搞钱心得是，不管别人怎么想，我不仅要靠我的爱好赚钱，还要以自己喜欢的方式赚钱。

我的顾客都是25岁到35岁的"85后""90后"，我自己也是这个年龄区间的人，我们这一代人，是比较有个性的一代人。所以我赚钱的文案从来都不是取悦型的，反而常常详细地介绍产品的缺点。比如我农场的民宿是由一栋老宅改建的，基础建设非常糟糕，我只是把室内的软装布置得比较精致美观一点。这种情况下，我每一次"吆喝"都只讲缺点，比如说，我直接告诉大家我们的客房非常简陋，并非舒适型旅店，不提供一次性酒店用品，更像是"去乡下的亲戚那里将就一晚"。

这种情况下，入住的客人对农场的"恶劣条件"便有了充分的心理准备，看到的都是惊喜。我自己接待这样的客人，也非常开心，听到的都是赞美，对于这个"产品"我也越来越有激情。这是一个良性的循环。

《短信里送晚安的人》主人公
玖妹

十几年前，刚毕业的我在深圳做电商运营，工作之余在淘宝开了一家专门卖晚安短信的小店。开店初期，我戏称自己是个未被确诊的孤独症患者，希望可以通过睡前的晚安问候，陪伴同样孤独的陌生人。没想到这店一开就开了 11 年。买晚安短信的人形形色色，有买给自己加油打气的，有买给亲友关心祝福的，有买给恋人表达爱意的，有学生、有护士、有警察、有创业者、有母亲、有子女、有失恋的人、有癌症患者、有同性恋，更多的是没有留下只言片语的陌生人。他们买一个晚安，从此又消失不见。

2014 年，一次偶然的机会，我发现广州还有一座未被商业开

附录 / 后来，她们的故事

荒的小岛，机缘巧合盘下岛上码头那座孤独的荒岛图书馆，和爱人一起将其装修改造成梦想中的咖啡馆，从此过上掌柜玖妹的慢生活。当时咖啡馆取名"半杯故事"，且有一个成文的规定：客人用一个故事可以换半杯咖啡，剩下的半杯留到下次重逢的时候再续。在全社会满满的搞钱欲之下，我尽做些"不正经搞钱"的事情。令人开心的是，我在小岛认识了很多有趣又温暖的朋友，听了很多让人哭让人笑的故事，也送出了很多没有再续上的半杯咖啡。后来因为合同到期，租金涨得厉害，咖啡馆在离百年老店还有96年的时候结业了。我兜兜转转回到深圳做一枚快乐的打工人，开始另一种人生。相比以前的天马行空，现在的文字工作需要更理性严谨的思维。上班下班两点一线，社交变得非常简单。

我还是念念不忘心中的情怀，坚持"卖晚安"的同时，在深圳租了两套公寓，按自己喜欢的风格改造成"晚安民宿"，接待来自五湖四海的客人，偶尔也会留给自己放空发呆，也算是在生存和生活中找一个平衡吧。

《我来给你起英文名》主人公
小涵

一次偶然的机会，让我同"女孩别怕"相遇，在接受了采访的一年半后，我仍然在经营我的店铺，同时，我的标签和身份也越来越多，包括英文名设计师、留学咨询师、留学公司老板、高校老师、国企员工等。曾经在校园里,我具有超过五项的交叉复合型专业背景,在步入社会独立生活之后,我仍然保持着斜杠青年的特质。一年半后"女孩别怕"的回访,让我回忆起过去各种美好的事情,也在当下经历我的美好人生。最后,真心祝愿"女孩别怕"越来越好,与你们同在!

"女孩别怕"作者团队

辣辣

刘三片

童姥

姚晨阳

杨流枫

小张阿姨

林梵